SÉRIE ALMA DA MÚSICA

Alysson Siqueira

LEITURA E ESCRITA MUSICAL

intersaberes

Rua Clara Vendramin, 58 . Mossunguê
CEP 81200-170 . Curitiba . PR . Brasil
Fone: (41) 2106-4170
www.intersaberes.com
editora@intersaberes.com

Conselho editorial
Dr. Alexandre Coutinho Pagliarini
Drª Elena Godoy
Dr. Neri dos Santos
Dr. Ulf Gregor Baranow

Editora-chefe
Lindsay Azambuja

Gerente editorial
Ariadne Nunes Wenger

Assistente editorial
Daniela Viroli Pereira Pinto

Preparação de originais
Tiago Krelling Marinaska

Edição de texto
Schirley Horácio de Gois Hartmann
Tiago Krelling Marinaska

Capa e projeto gráfico
Charles L. da Silva (*design*)
David M. Schrader/Shutterstock
(imagem da capa)

Diagramação
Maiane Gabriele de Araujo

Equipe de *design*
Luana Machado Amaro
Iná Trigo

Iconografia
Regina Claudia Cruz Prestes

Dados Internacionais de Catalogação na Publicação (CIP)
(Câmara Brasileira do Livro, SP, Brasil)

Siqueira, Alysson
 Leitura e escrita musical/Alysson Siqueira. Curitiba:
InterSaberes, 2020. (Série Alma da Música)

 Bibliografia.
 ISBN 978-65-5517-617-9

 1. Música – Estudo e ensino 2. Música – Leitura 3. Música –
Instrução e estudo 4. Notação musical I. Título II. Série.

20-35941   CDD-780.7

Índices para catálogo sistemático:
 1. Música: Estudo e ensino 780.7
         Maria Alice Ferreira – Bibliotecária – CRB-8/7964

1ª edição, 2020.

Foi feito o depósito legal.

Informamos que é de inteira responsabilidade do autor
a emissão de conceitos.

Nenhuma parte desta publicação poderá ser reproduzida por qualquer
meio ou forma sem a prévia autorização da Editora InterSaberes.

A violação dos direitos autorais é crime estabelecido
na Lei n. 9.610/1998 e punido pelo art. 184 do Código Penal.

SUMÁRIO

6   O espetáculo vai começar

9   Como aproveitar ao máximo este livro

14   Aproveite ao máximo as partituras deste livro

Capítulo 1

17   Escrever o som: pressupostos para a escrita musical

19   1.1 Propriedades do som
28   1.2 Elementos fundamentais da música
34   1.3 História da notação musical
41   1.4 Importância da escrita musical na atualidade
45   1.5 Técnicas de notação de música contemporânea

Capítulo 2

57   O "alfabeto" musical

58   2.1 A pauta e as notas musicais
64   2.2 Claves
70   2.3 Durações
75   2.4 Tom e semitom
79   2.5 Alterações de altura e de duração

Capítulo 3

92 Ampliando o "alfabeto" musical

93 3.1 Escala maior
97 3.2 Armadura de clave
105 3.3 Fórmulas de compasso
111 3.4 Dinâmica e articulação
119 3.5 Sinais de repetição e otimização da partitura

Capítulo 4

129 Colhendo notas

130 4.1 Intervalos
136 4.2 Modos litúrgicos
140 4.3 Modal *versus* tonal
146 4.4 Escalas menor harmônica e menor melódica
153 4.5 Aspectos da construção melódica

Capítulo 5

166 Combinando notas

167 5.1 Série harmônica
173 5.2 Tipos de acordes e sua notação
179 5.3 Campos harmônicos maiores
182 5.4 Campos harmônicos menores
187 5.5 Tétrades

Capítulo 6

198 Sonorizando a escrita

200 6.1 Pressupostos para uma leitura musical eficiente
208 6.2 Exercícios de leitura na escala maior
214 6.3 Exercícios de leitura em escalas menores
217 6.4 Exercícios de leitura rítmica
225 6.5 Exercícios de leitura rítmico-melódica

232 Fecham-se as cortinas

236 Repertório

238 Álbuns comentados

241 Respostas

242 Sobre o autor

O ESPETÁCULO VAI COMEÇAR

É possível que você conte com certa experiência no fazer musical. Você pode até mesmo já saber tocar algum instrumento musical ou cantar. Se for esse o caso, dependendo do instrumento que escolheu, talvez você conheça alguma forma de leitura e escrita musical (que podemos designar pela sigla LEM). Se você toca violão, por exemplo, é provável que conheça a notação de cifras, pelo menos; se você é guitarrista, tem grandes chances de já ter utilizado tablatura. Ainda, se porventura você aprendeu algum instrumento de sopro, piano ou da família do violino, possivelmente já foi apresentado à partitura. Por fim, também é possível que você toque algum instrumento sem ter aprendido qualquer tipo de notação musical, ou, no jargão popular, que você toque "de ouvido".

Independentemente da trajetória percorrida na música até aqui, de agora em diante é preciso que você trilhe um novo caminho. A cifra que os violistas aprenderam não registra melodias e ritmos; a tablatura dos guitarristas não traz informações rítmicas; quem não é familiarizado com guitarra ou violão não sabe indicar quais notas musicais são representadas pelos números sobre as linhas. Os métodos empregados no ensino de flauta, violino e teclado, por exemplo, que se utilizam de desenhos esquemáticos do instrumento, indicando onde os dedos devem ser colocados, têm suas limitações. Só há uma forma de notação relativamente universal (*relativamente* universal porque, mesmo conhecida em todas as partes do mundo, nem todos os musicistas estão aptos a interpretar o conteúdo das partituras), que serve para todos os instrumentos: a **partitura**.

Este livro é destinado a você que nunca leu uma partitura, ou que conhece algum outro método de notação musical incipiente, ou, ainda, que já foi introduzido à notação musical, mas precisa se aprofundar e exercitar mais a leitura e a escrita.

No **Capítulo 1**, abordaremos conceitos básicos, com o objetivo de esclarecermos em que consiste exatamente a LEM. Examinaremos desde as propriedades do som, correlacionando grandezas físicas com a percepção sonora, passando pelos elementos fundamentais da música e contextualizando historicamente a maneira como os sons musicais foram registrados até chegarmos ao modelo de notação atual. Também discutiremos a importância da escrita musical em nossos dias.

No **Capítulo 2**, o foco serão os símbolos básicos da partitura. Fazendo um paralelo com o nosso alfabeto, apresentaremos as "letras", ou as menores unidades com as quais é construída a escrita musical: o pentagrama, a representação das alturas sonoras e das durações, bem como suas alterações.

No **Capítulo 3**, após a apresentação da escala maior natural, que servirá de base para a sequência teórico-musical, vamos expandir a simbologia da notação musical. Também serão objetos de análise desse capítulo armaduras de clave, fórmulas de compasso, sinais de dinâmica, articulação e de otimização de partitura.

Se os três primeiros capítulos da obra vão tratar das "letras", o **Capítulo 4** pode ser considerado o "bê-á-bá". O título do capítulo – "Colhendo notas" – faz referência ao ato de selecionar notas musicais para criar estruturas mais complexas, como escalas menores, modos litúrgicos e pequenas melodias, tema que será examinado em profundidade. Em seguida, apresentaremos a noção de intervalos e buscaremos resolver a questão de identificar se determinada música é tonal ou modal.

O **Capítulo 5**, uma pequena introdução à harmonia, enfocará a representação dos acordes e o entendimento dos campos harmônicos. Como todo o estudo da harmonia parte da série harmônica, também abordaremos esse assunto.

O **Capítulo 6** será voltado à leitura musical. Trataremos inicialmente de alguns pressupostos para uma leitura eficiente; em seguida, proporemos uma série de exercícios divididos em quatro grupos: leitura na escala maior, leitura na escala menor, leitura rítmica e leitura rítmico-melódica.

Pretendemos, com esta obra, incentivar a prática da LEM. Por conter material técnico, exposto de maneira objetiva, bem como assuntos relevantes para reflexão e contextualização, o livro transcende o caráter de manual, comumente observado em muitas publicações sobre o tema. Ao mesmo tempo, este material também pode ser utilizado como fonte de consulta para assuntos de natureza técnica e, ainda, como um repositório de exercícios para o aprimoramento individual.

COMO APROVEITAR AO MÁXIMO ESTE LIVRO

Empregamos nesta obra recursos que visam enriquecer seu aprendizado, facilitar a compreensão dos conteúdos e tornar a leitura mais dinâmica. Conheça a seguir cada uma dessas ferramentas e saiba como estão distribuídas no decorrer deste livro para bem aproveitá-las.

Introdução do capítulo

Logo na abertura do capítulo, você é informado a respeito dos conteúdos que nele serão abordados, bem como dos objetivos que o autor pretende alcançar.

Em alto e bom som

Algumas das informações mais importantes da obra aparecem nestes boxes. Aproveite para fazer sua própria reflexão sobre os conteúdos presentados.

Se ligue na batida!

Nestes boxes, você confere informações complementares a respeito do assunto que está sendo tratado.

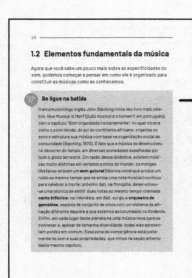

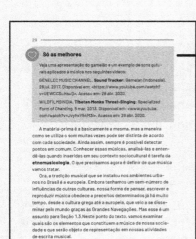

Só as melhores

Nesta seção, o autor oferece algumas indicações de livros, filmes ou *sites* que podem ajudá-lo a refletir sobre os conteúdos estudados e permitir o aprofundamento em seu processo de aprendizagem.

Hora do ensaio

Nesta seção, o autor o convida a exercitar os conteúdos tratados nos capítulos, incentivando você a colocar mãos à obra.

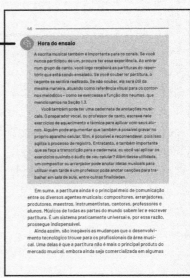

Resumo da ópera

Você conta, nesta seção, com um recurso que o instigará a fazer uma reflexão sobre os conteúdos estudados, de modo a contribuir para que as conclusões a que você chegou sejam reafirmadas ou redefinidas.

Teste de som

Com estas questões objetivas, você tem a oportunidade de verificar o grau de assimilação dos conceitos examinados, motivando-se a progredir em seus estudos e a se preparar para outras atividades avaliativas.

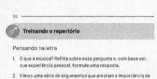

Treinando o repertório

Aqui você dispõe de questões cujo objetivo é levá-lo a analisar criticamente determinado assunto e aproximar conhecimentos teóricos e práticos.

Álbuns comentados

Nesta seção, você encontra comentários acerca de algumas obras de referência para o estudo dos temas examinados.

APROVEITE AO MÁXIMO AS PARTITURAS DESTE LIVRO

Leitura e escrita musical são dois temas que não se separam. O treino de leitura traz ganhos para a escrita e vice-versa. Entretanto, você encontrará neste livro uma separação clara entre capítulos relacionados à escrita e capítulos dedicados a atividades de leitura. Para cada um desses dois tipos de treinamento, há recursos e materiais que precisam estar disponíveis ao leitor.

Convém destacarmos que, apesar da distinção entre os capítulos, neste livro não defendemos uma separação cronológica entre atividades de leitura e de escrita. Elas aparecem sucessivamente, de acordo com a necessidade de cada capítulo, e muitas vezes concomitantemente. No decorrer da abordagem de determinados temas, você vai encontrar proposições concebidas com o objetivo de desenvolver tanto a escrita quanto a leitura musical.

Para as atividades de escrita, é necessário que você adquira um caderno musical pautado. Assim como em nosso processo de alfabetização, na música também é preciso dominar determinados símbolos e, para isso, temos de escrevê-los. Se, por algum motivo, não for possível adquirir um caderno pautado, utilize um editor de texto para criar uma folha-padrão de papel pautado com o maior número possível de grupos de cinco linhas horizontais paralelas.

Figura A – Papel pautado

Organize essas folhas de exercícios numa pasta e, ocasionalmente, analise sua evolução na leitura e escrita musical.

A escrita no papel pautado foi historicamente desenvolvida com o uso de pena. Há canetas à base de nanquim que servem muito bem a essa finalidade. No entanto, como nosso objetivo aqui é o desenvolvimento e o treino da escrita musical, o uso de lápis ou lapiseira seria a melhor recomendação. Dê preferência a grafites moles, no mínimo 2B, e a diâmetros de, pelo menos, 0,9 mm. Isso se deve ao fato de que, na escrita musical, muitas vezes, é preciso alternar entre traços finos e grossos – efeitos obtidos com a variação da inclinação do lápis ou lapiseira.

Os treinamentos de leitura podem ser feitos com a própria voz. Contudo, aconselhamos o uso de um instrumento musical de apoio, pois a afinação humana é, por natureza, imprecisa. Alguns instrumentos musicais também apresentam alguma imprecisão, mas, com o seu apoio, a probabilidade de acerto se torna maior. A segurança nos sons das notas musicais que os instrumentos proporcionam é fundamental para buscar uma correlação precisa entre o que está escrito e o que soa. Nesse sentido, o piano ou o teclado eletrônico são os instrumentos mais completos. Além da precisão na afinação, a extensão (distância entre a nota mais grave e a mais aguda do instrumento) do piano possibilita a leitura de praticamente qualquer música. Uma opção mais econômica seria a escaleta – instrumento de sopro, portátil, com teclado similar ao do piano.

Se você já toca algum outro instrumento e já dispõe de alguma desenvoltura técnica, ele pode, e deve, ser utilizado para o estudo da leitura. Embora dificilmente outros instrumentos tenham a extensão que o piano apresenta, a leitura fluirá melhor quanto menos barreiras técnicas houver. Independentemente de qual seja o instrumento disponível, procure ser rigoroso com a afinação. Se for preciso, instale aplicativos gratuitos que simulam um afinador em seu dispositivo eletrônico de preferência
(celular, *tablet*, computador).

Tão importante quanto o cuidado com a afinação é a precisão rítmica. Novamente, recomendamos que recorra ao seu dispositivo eletrônico e instale um aplicativo gratuito de metrônomo. É possível até que você encontre algum aplicativo com essa função e a de afinador integradas. Estude sempre com esse recurso. Muitos músicos têm dificuldade de manter o andamento da música, pois ignoraram a etapa de treino de afinação e precisão rítmica. Ainda a respeito do uso de aplicativos, um piano virtual em seu celular também pode ser muito útil no processo.

Capítulo 1

ESCREVER O SOM: PRESSUPOSTOS PARA A ESCRITA MUSICAL

Ao falarmos em *escrita musical*, estamos fazendo referência a uma série de conceitos prévios que precisam estar bem sedimentados para melhor desenvolvermos o tema.

 Em alto e bom som

Escrever pode ser entendido como o ato de representar algo por meio de símbolos. Em nosso caso, o objeto dessa representação é a música, e os símbolos dessa escrita foram especificamente desenvolvidos ao longo do tempo para atender a essa necessidade.

Música é outro conceito que precisa ser debatido. Embora seja relativamente fácil reconhecer uma música, defini-la é uma tarefa muito difícil. No livro *O ouvido pensante*, o professor e compositor canadense Murray Schafer (1990) narra um debate com alunos sobre a definição de *música*. Apesar da diversidade de respostas possíveis, tanto no caso de Schafer quanto em outras situações vividas na educação musical, quase que invariavelmente haverá um ponto em comum entre todas as possibilidades: o **som**. É quase impraticável definir *música* sem mencionar o som como sua menor partícula constituinte, sua matéria-prima. É importante destacarmos que a escrita musical surgiu e se desenvolveu pelo interesse em fazer o registro das propriedades dos sons constituintes da música e que essa atividade veio a se aprofundar ao servir ao propósito de registrar as estruturas de organização sonora que a humanidade criou em suas múltiplas expressões musicais. Assim, é necessário compreender o que é o som e quais são as propriedades a serem representadas na escrita musical.

O **silêncio** é definido como a ausência de som. A importância de entender o silêncio para a escrita musical reside no fato de que esse fenômeno também é representado nessa atividade.

O título deste capítulo, então, poderia ficar mais completo se fosse alterado para "Escrever o som e o silêncio". Entretanto, vamos admitir que som e silêncio são indissociáveis e que, ao falarmos de um, subentendemos a existência do outro.

O ponto principal deste capítulo refere-se à reflexão que vamos empreender sobre "o que" escrever e "como" fazê-lo. Dessa maneira, apresentaremos uma base sólida sobre a qual a escrita musical pode se desenvolver.

1.1 Propriedades do som

Assim como a música, o som é um fenômeno que todos os ouvintes sabem o que é, mas que muitos têm dificuldade de definir. Bohumil Med (1996, p. 11) define o termo como a "sensação produzida pelas vibrações de corpos elásticos". Esse enunciado flerta com os livros de física, pelo fato de essa ciência estudar a fundo o fenômeno sonoro. É dessa área do conhecimento que vamos extrair conceitos e explicações para nossas sensações auditivas e é justamente com essa abordagem, relacionando teoria e percepção, que vamos examinar as propriedades do som exploradas na escrita musical. Antes, porém, trataremos, com maior profundidade, do conceito de **som**.

1.1.1 O som

Entre as subdivisões da física se encontra a **ondulatória**, que, por sua vez, se divide em vários tópicos, entre os quais se destaca a **acústica**: o estudo do som. Na perspectiva dessa área da física, o som é uma onda mecânica que se propaga em meio elástico em todas as direções (Som, 2020).

Para a física, existem dois tipos principais de onda: a mecânica e a eletromagnética. A onda mecânica é uma vibração, ou perturbação, que transmite energia através de um meio material: ar, água, solo etc. A onda eletromagnética, como a luz, não necessita desse meio material, podendo se propagar inclusive no vácuo. O som, como é uma onda mecânica, não tem essa capacidade.

Se ligue na batida

O ciclo de produção do som passa por três personagens: a **fonte emissora**, o **meio de propagação** e o **receptor**. O emissor, por meio de algum tipo de movimento, provoca uma vibração no meio elástico. Essa energia é transmitida em ciclos de compressão e expansão do meio de propagação. Essas ondas mecânicas fazem vibrar as estruturas do ouvido do receptor, e seu cérebro as interpreta como som (Ribeiro, 2015). Por ora, o relevante é que você saiba que, para haver som, é necessário um emissor, um meio elástico de propagação e um receptor e que o silêncio absoluto só se dá pela ausência total de algum desses elementos.

Em alto e bom som

Meio elástico é aquele que, ao ser comprimido, é capaz de se expandir para ocupar seu estado inicial. O ar é um meio elástico, mas também há alguns materiais, como madeira, metais e o solo, que, apesar de apresentarem menor grau de elasticidade, podem igualmente atuar como meio de propagação de som (Pavan, 2020).

Para ampliar seu conhecimento sobre o som, é necessário que você entenda as propriedades que o caracterizam e que também são objeto da escrita musical. Mais do que isso, é preciso estar bem sedimentada a noção acerca da relação entre a propriedade sonora e a correspondente percepção do ouvinte.

1.1.2 Frequência e altura

Vimos que o som se propaga através de ciclos de compressão e expansão no meio elástico. Esses ciclos funcionam de maneira similar a um pêndulo: quando está parado na posição vertical, ele está em repouso; se o movimentamos para um dos lados, nós o carregamos com uma energia potencial. Ao soltarmos o pêndulo, acelerado pela gravidade, ele passa a buscar a posição vertical. Quando passa pelo ponto de repouso, ele atinge velocidade máxima. Então ele segue se movimentando para o lado oposto de onde foi solto, porém agora desacelerando, em razão da gravidade. Assim, ele atinge o ponto em que sua velocidade é igual a zero e, novamente acelerado pela gravidade, move-se na direção oposta, buscando o ponto de repouso; esse ciclo se repete até que a energia se dissipe. Todo o processo descrito pode ser representado pelo gráfico da função senoide, mostrado na Figura 1.1.

Figura 1.1 – Onda senoidal

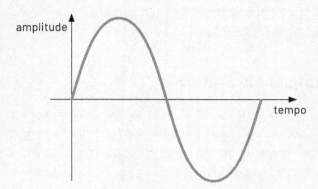

A parte do gráfico acima do eixo do tempo corresponde à compressão do meio elástico, e a parte abaixo corresponde à expansão. Essa figura representa um ciclo completo da onda mecânica; porém, na prática, esses ciclos se repetem até que a energia se dissipe. O gráfico da onda sonora é mais bem representado tal como consta na Figura 1.2.

Figura 1.2 – Onda senoidal: ciclos

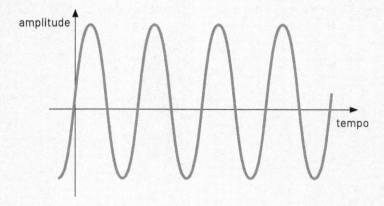

Os ciclos podem se repetir nas mais variadas velocidades. À quantidade de ciclos que se repetem por segundo chamamos de *frequência*, e a unidade utilizada é o hertz (Hz). Uma vibração de 60 ciclos por segundo tem frequência de 60 Hz, por exemplo. O ouvido humano é incapaz de perceber como som vibrações inferiores a 20 Hz, frequências denominadas de *infrassom*. Do mesmo modo, somos incapazes de perceber frequências superiores a 20.000 Hz, ou 20 KHz, que conhecemos como *ultrassom*.

 Se ligue na batida

A frequência de uma onda sonora é diretamente proporcional à nossa percepção de **altura sonora**. Quanto menor a frequência do som, mais grave o percebemos; ao contrário, quanto maior a frequência, mais aguda é a emissão sonora. O Dó Central tem frequência natural de 261,6 Hz. O Ré subsequente tem 293,7 Hz. Quanto mais progredimos na escala, mais agudo percebemos o som e mais alta é a frequência.

Neste ponto, precisamos preveni-lo em relação a um mal-entendido comum na música. A **altura** do som está relacionada à **frequência**. Um som alto é um som agudo e um som baixo é um som grave:

SOM GRAVE = SOM BAIXO
SOM AGUDO = SOM ALTO

1.1.3 Duração

Afirmamos anteriormente que os ciclos da onda sonora se repetem até haver a total dissipação da energia. Essa é apenas uma forma de lidar com a duração do som. Ao percutir o acorde final num instrumento de cordas, a duração das notas será o tempo que as respectivas cordas levam para voltar ao repouso, ou seja, para parar de vibrar. Podemos chamar essa duração de *natural*, entendendo que ela é inerente a cada instrumento e diferente até mesmo entre suas próprias cordas.

Na música, pode-se controlar essa duração: basta provocar uma interrupção na vibração – existe uma maneira específica de fazer isso para cada instrumento musical. Há dispositivos próprios para essa finalidade, como os abafadores do piano. Assim, é possível variar a duração do som de acordo com as exigências da música tocada.

Outra maneira de interromper a duração do som é provocar um novo som na mesma fonte geradora. Notas sucessivas na mesma corda do violão ou em um instrumento de sopro interrompem umas às outras, por exemplo.

1.1.4 Amplitude e intensidade

Muitas pessoas confundem altura com intensidade. Na Seção 1.1.2, explicamos que a altura está relacionada à frequência. Já a **intensidade** do som está diretamente ligada à **amplitude da onda sonora**.

Na Figura 1.3 estão representadas duas ondas sonoras, uma de pequena amplitude e outra de grande amplitude.

Figura 1.3 – Amplitudes

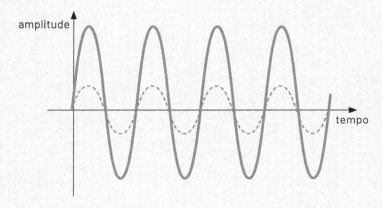

A amplitude corresponde no gráfico ao eixo vertical. A onda representada com traço cheio tem amplitude maior que a representada pela linha tracejada. Na prática, a onda com maior amplitude provoca uma movimentação maior no meio de propagação, e isso é percebido por nós como um som mais forte. Assim, a relação que precisamos guardar é a seguinte:

> SOM FORTE = GRANDE AMPLITUDE
> SOM FRACO = PEQUENA AMPLITUDE

1.1.5 Timbre

A representação da onda sonora através de uma única senoide é uma simplificação teórica para estudar as propriedades do som. Na prática, o som produzido por um instrumento musical ou pela voz nunca se propaga numa única frequência, como ilustra a Figura 1.4.

Figura 1.4 – Ondas complexas (a)

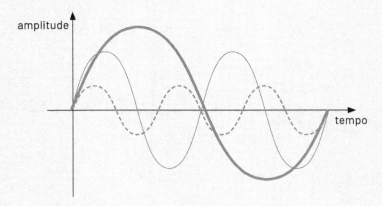

A linha contínua de maior espessura representa a frequência fundamental, é a nota musical que identificamos, pois normalmente sua amplitude é maior. As outras duas são harmônicos, cujas frequências têm relação matemática com o som fundamental. A somatória dessas ondas gera um gráfico como o ilustrado na Figura 1.5.

Figura 1.5 – Ondas complexas (b)

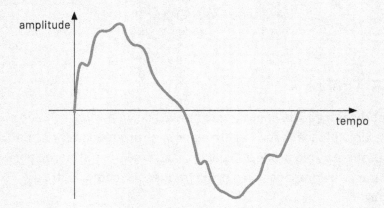

A superposição de ondas senoidais com amplitude e frequência diferentes acontece indefinidamente e a ela damos o nome de **série harmônica**. Abordaremos esse assunto com mais profundidade no Capítulo 5. Por ora, o que você precisa saber é que a distribuição das amplitudes dos harmônicos é diferente para cada voz, para cada instrumento. Ela é a principal responsável pela percepção que temos do **timbre**.

Só as melhores

SYNTHSCHOOL. **Overtones, Harmonics and Additive Synthesis**. 30 mar. 2010. Disponível em: <https://www.youtube.com/watch?v=YsZKvLnf7wU>. Acesso em: 28 abr. 2020.

O vídeo mostra, a partir dos 5 minutos, como se obtém uma onda complexa mediante a superposição de diversas ondas senoidais. É utilizado um *software* gratuito que pode ser baixado para animação: Harmonic Explorer.

Em alto e bom som

Podemos definir **timbre** como a característica sonora única de cada fonte emissora, seja ela instrumento musical ou voz. O timbre é como se fosse uma impressão digital do som, e sua percepção nos capacita a levantar informações relevantes sobre a natureza da produção de determinado som.

1.2 Elementos fundamentais da música

Agora que você sabe um pouco mais sobre as especificidades do som, podemos começar a pensar em como ele é organizado para constituir as músicas como as conhecemos.

Se ligue na batida

O etnomusicólogo inglês John Blacking inicia seu livro mais célebre, *How Musical Is Man?* (*Quão musical é o homem?*, em português), com o capítulo "Som organizado humanamente", no qual mostra como o povo Venda, do sul do continente africano, organiza os sons e estrutura sua música com base na organização social da comunidade (Blacking, 1973). É fato que a música se desenvolveu no decorrer do tempo, em diversas sociedades espalhadas por todo o globo terrestre. Em razão dessa dinâmica, existem músicas muito distintas em variados pontos do mundo: os monges tibetanos entoam um **som gutural** (técnica vocal que produz um ruído ao mesmo tempo que se entoa uma nota musical) contínuo para celebrar a morte; próximo dali, na Mongólia, desenvolveu-se uma técnica de emitir duas notas ao mesmo tempo chamada **canto bifônico**; na Indonésia, em Bali, surgiu a **orquestra de gamelões**, espécie de conjunto de sinos com um sistema de afinação diferente daquele a que estamos acostumados no Ocidente. Enfim, em cada lugar deste planeta há uma música nova para se conhecer e, apesar de tamanha diversidade, todas elas apresentam pontos em comum. Essa zona de convergência está justamente no som e suas propriedades, que vimos na seção anterior deste mesmo capítulo.

Só as melhores

Veja uma apresentação do gamelão e um exemplo de sons guturais aplicados à música nos seguintes vídeos:

GENELEC MUSIC CHANNEL. **Sound Tracker**: Gamelan (Indonesia). 28 jul. 2017. Disponível em: <https://www.youtube.com/watch?v=UEWCCSuHsuQ>. Acesso em: 28 abr. 2020.

WILDFILMSINDIA. **Tibetan Monks Throat-Singing**: Specialized Form of Chanting. 5 mar. 2013. Disponível em: <www.youtube.com/watch?v=JvyhxY54M3I>. Acesso em: 28 abr. 2020.

A matéria-prima é a basicamente a mesma, mas a maneira como se utiliza o som muitas vezes pode ser distinta de acordo com cada sociedade. Ainda assim, sempre é possível detectar pontos em comum. Conhecer essas músicas, analisá-las e entendê-las quando inseridas em seu contexto sociocultural é tarefa da **etnomusicologia**. O que precisamos agora é definir de que música vamos tratar.

Ora, a tradição musical que se instalou nos ambientes urbanos no Brasil é a europeia. Embora tenhamos um sem-número de influências de outras culturas, nossa forma de pensar, escrever e reproduzir música obedece a preceitos determinados já há muito tempo, desde a cultura grega até a europeia, que veio a se disseminar pelo mundo graças às Grandes Navegações. Mas esse é um assunto para Seção 1.3. Neste ponto do texto, vamos examinar quais são os elementos que constituem a música de nossa sociedade e que serão objeto de representação em nossas atividades de escrita musical.

1.2.1 Ritmo

O ritmo é possivelmente o elemento primordial da grande maioria das músicas. É possível que isso se deva ao fato de muitas de nossas atividades diárias serem executadas com ritmo sem que nós percebamos. Em nosso corpo, temos os ritmos cardíacos e respiratórios – ao percorrermos longas distâncias, caminhando ou correndo, buscamos estabelecer um ritmo aeróbico para suportarmos a atividade por mais tempo. Enfim, por convivermos com o ritmo em tantas atividades de nosso cotidiano, esse fator, de forma gradual e espontânea, tornou-se um dos fundamentos da música de nossa sociedade e de muitas outras. Entretanto, para compreendermos o funcionamento do ritmo musical, precisamos primeiramente refletir sobre como se estabelece o **tempo** na música.

Quando aprendemos sobre o tempo de maneira geral, somos ensinados que sua unidade é o **segundo**. Um grupo de 60 segundos constitui 1 minuto, 60 minutos completam 1 hora, e 24 horas são o tempo de um dia. A música se apropria dessa forma de pensamento em conjuntos; no entanto, nesse contexto, a unidade de tempo não é o segundo. Cada música tem a própria unidade de tempo, estabelecida no início da partitura (assunto que aprofundaremos na Seção 3.2). Contudo, há uma relação entre o sistema hora-minuto-segundo e o tempo da música. Relacionamos os dois sistemas informando quantos **pulsos** há por minuto e damos o nome a essa medida de **batimentos por minuto (bpm)**.

Se ligue na batida

Repare que surge aqui um novo conceito. O pulso, em parte significativa das músicas, coincide com a unidade de tempo, mas há exceções; portanto, não cometa o erro de pensar que *pulso* e *unidade de tempo* são termos sinônimos. De modo simplificado, podemos dizer que o **pulso** é o que faz com que batamos os pés ou os dedos ao ouvirmos uma música. Normalmente, essas batidas de pés coincidem com o pulso. Considere que a ideia de pulso vem justamente do ritmo cardíaco. Nesse caso, consideramos a medida de **pulsos por minuto**. Há diversas maneiras de sentir o pulso cardíaco. E o pulso da música, você consegue sentir? Se você tem dificuldade nisso, tente soltar seu corpo e simplesmente dançar. Normalmente, quando dançamos, estamos marcando o pulso da música.

Agora que estabelecemos a unidade de tempo e os batimentos por minuto, que chamaremos de **andamento**, podemos passar aos sistemas de agrupamento de tempos, tendo em vista que a maior parte das músicas adota um específico. São comuns os agrupamentos de quatro, três ou dois tempos, mas há uma variedade maior de agrupamentos que vamos analisar na Seção 3.2. A esses agrupamentos daremos o nome de **compasso**, e sua delimitação na pauta se dá por meio de traços verticais, denominados barras de compasso, de espessura da ordem das linhas do pentagrama, que é a pauta onde vamos dispor os símbolos da escrita musical e que será apresentado no próximo capítulo.

Só as melhores

Veja como funciona a contagem de um andamento de quatro tempos no seguinte vídeo:

VIOLAODEDILHADO. **Contando compasso de 4 tempos.avi**. 9 mar. 2010. Disponível em: <https://www.youtube.com/watch?v=UPQdBGPo6ug>. Acesso em: 28 abr. 2020.

Tomemos como exemplo um compasso de quatro tempos coincidentes com o pulso. As notas musicais inseridas nele podem durar de um a quatro tempos, bem como frações do tempo: metade, um quarto, um oitavo e assim sucessivamente. É possível criar inúmeras combinações entre notas com durações longas e curtas, conferindo-se à música uma infinidade de possibilidades rítmicas.

Resumindo, podemos entender o ritmo como a distribuição dos eventos sonoros ao longo do tempo, com todas essas peculiaridades temporais que a música tem.

1.2.2 Melodia

Enquanto o ritmo se relaciona com a propriedade de **duração** do som, a melodia é construída a partir da variação da **frequência**, que, como vimos, é percebida por meio da **altura** sonora.

Em alto e bom som

A **melodia** é uma sucessão de alturas sonoras que podem ter cada qual sua duração. Essa relação que a melodia guarda com a duração dos eventos sonoros nos possibilita deduzir que as melodias também contam com ritmo.

Por outro lado, é possível criar melodias sem variação da altura sonora e só com o ritmo peculiar, como no *Samba de uma nota só*, de Tom Jobim e Vinicius de Moraes.

Só as melhores

Veja uma belíssima *performance* de *Samba de uma nota só* apresentada por Tom Jobim em:

BISCOITO FINO. **Tom Jobim – Ao vivo em Montreal**: Samba de uma nota só. Disponível em: <https://www.youtube.com/watch?v=naeq6fFmDpI>. Acesso em: 28 abr. 2020.

A melodia é a alma da peça musical. Nós reconhecemos as músicas através dela. Se lhe fosse solicitado que assobiasse *Atirei o pau no gato*, você certamente iria reproduzir a melodia dessa canção, omitindo outros aspectos, como o harmônico, que será nosso próximo tema.

1.2.3 Harmonia

A história da música revela que as primeiras composições de que temos registro eram apenas melodias, entoadas por vozes e instrumentos ao mesmo tempo. Com o passar do tempo, outras melodias foram surgindo para acompanhar essa melodia principal; era preciso que as notas combinassem umas com as outras. Nesse contexto, desenvolveu-se o estudo do **contraponto** – palavra que vem do latim *punctus contra punctus*, que significa "nota contra nota" –, em que se busca entender melhor como funciona a harmonização entre notas. Esse estudo evoluiu de tal maneira que em dado momento os compositores chegaram a compor peças com mais de 30 vozes simultâneas.

Em alto e bom som

A evolução do contraponto levou ao estabelecimento dos **acordes**. Um acorde consiste em um conjunto de três ou mais notas que soam simultaneamente. O estudo desses elementos, bem como de sua origem e utilização, é objeto da disciplina de Harmonia. Também denominamos de *harmonia* o conjunto de acordes de determinada música.

Assim como a melodia, a harmonia também tem seu ritmo, que é a distribuição dos acordes ao longo tempo. Chamamos a isso de **ritmo harmônico**.

Examinamos os três elementos fundamentais da música passíveis de representação escrita – ritmo, melodia e harmonia. Demonstrar como realizar essa atividade é o objetivo deste livro. Antes disso, vamos ver como surgiu a forma de escrita que adotamos em nosso ambiente musical.

1.3 História da notação musical

Com base no que discutimos até aqui, de forma simplificada, podemos definir *música* como a **arte de organizar sons**. Por se utilizar do som como matéria-prima, a música se realiza num determinado instante do tempo. Quando ela soa novamente, a rigor, já é uma música um pouco diferente. Levando-se em conta a transmissão oral no decorrer de diversas gerações, a música está sujeita a alterações que podem transformá-la em uma expressão completamente diferente da original. Desse fato surgiu a necessidade de registrar as músicas, preservando-se assim o máximo possível de suas características originais.

A notação musical, tal qual a conhecemos hoje, é relativamente recente, estabelecida por volta do século XV. No entanto, sua origem remonta a épocas muito mais remotas.

Há evidências arqueológicas, nas regiões do Egito e da Mesopotâmia, com mais de 5 mil anos de idade. Já o registro musical mais antigo, que sobreviveu a mais de 25 séculos, é o Coro de Stasimon de Orestes.

Figura 1.6 – Coro de Stasimon de Orestes

Coleção Papyrus-Erzherzog Rainer/CC-PD/Biblioteca Nacional da Áustria

Registrado em papiro, o texto contém um excerto da *Oresteia*, tragédia composta em 408 a.C. por Eurípedes (Martins, 2020). Acima dos caracteres do texto estão grafados símbolos musicais que serviam de orientação para os cantores e os instrumentistas. Esse mesmo princípio pode ser identificado em um achado arqueológico mais recente, do século I d.C.

Figura 1.7 – Epitáfio de Seikilos

Talhado em uma pedra funerária, este é considerado o mais antigo registro de uma música completa. Além do texto grego e das notas inscritas sobre ele, a notação é clara do ponto de vista rítmico.

As notas musicais são representadas por letras maiúsculas; acima delas, há ao menos três tipos de notação da duração. A letra sem símbolo representa a nota mais curta; a letra com um traço em cima tem duração intermediária, e a letra com um traço em cima e sobre ele um ponto representa a duração mais longa.

Figura 1.8 – Transcrição de excerto do Epitáfio de Seikilos

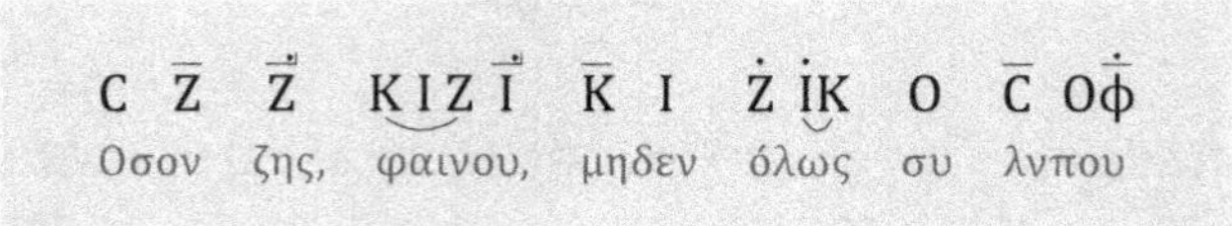

C $\bar{Z}$ $\bar{Z}$ KIZ$\dot{\bar{I}}$ $\bar{K}$ I $\dot{Z}$ $\dot{\bar{I}}$K O $\bar{C}$ O$\dot{\varphi}$
Οσον ζης, φαινου, μηδεν ολως συ λνπου

Só as melhores

Ouça uma versão musicada do excerto do Epitáfio de Seikilos em:

EPITÁFIO de Seikilos. Disponível em: <https://www.youtube.com/watch?v=uGBKo3I0WIg>. Acesso em: 28 abr. 2020.

Essa simbologia do sistema de notação grego se desenvolveu e influenciou o sistema **ecfonético**, que utilizava símbolos, chamados **neumas**, acima do texto imitando os contornos melódicos. Esse tipo de notação foi por muito tempo protagonista no Oriente Médio, tendo ficado conhecido como **neumática** (os primeiros registros encontrados de canto gregoriano apresentam esse tipo de notação).

Figura 1.9 – Escrita neumática

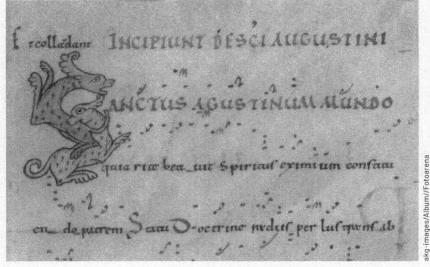

akg-images/Album//Fotoarena

Note que os símbolos acima da letra da música apenas indicam contornos melódicos e ainda não definem as alturas exatas das notas. Para suprirem essa lacuna, alguns compositores, a partir do século X, começaram a adotar uma linha, logo acima do texto, representando a nota Fá. Logo surgiu uma segunda linha representando a nota Dó e, em alguns casos, até uma terceira linha.

No século XI, o monge beneditino Guido D'Arezzo instituiu a quarta linha e, substituindo os antigos neumas por símbolos quadrados, começou a estabelecer alturas e durações mais precisas para as notas musicais.

Só as melhores

Figura 1.10 – Notação musical de Guido D'Arezzo

Romainbehar/WikimediaCommons/ Domínio público

Ouça essa bela canção sacra no seguinte vídeo:

UT QUEANT laxis: Hino a São João Batista. Disponível em: <https://www.youtube.com/watch?v=rDJH1WTs2-8>. Acesso em: 28 abr. 2020.

Originalmente, a escrita de D'Arezzo utilizava linhas coloridas para indicar as diferentes notas que representavam, e a notação era precedida das letras F, C ou G, representando as notas Fá, Dó e Sol – prática que deu origem às **claves**, objeto da Seção 2.2 deste livro.

Apesar de apresentar elementos que mais tarde seriam incorporados à escrita moderna, o sistema de D'Arezzo se baseava ainda nos neumas, como você pode observar na Figura 1.11.

Figura 1.11 – Quadro comparativo entre a notação neumática e a de D'Arezzo

	Neumas	D'Arezzo
Virga	♩	■ ou ■
Punctum	•	■ ou ◆
Clivis	⌒ = ♩•	■ ou ■
Podatus	♪	■ ou ■

No decorrer do século XV, as cabeças de nota cheias foram dando lugar às vazadas, originando as figuras com durações bem definidas e nomes similares aos adotados na escrita musical atual.

Figura 1.12 – Notação com cabeças quadrangulares e vazadas

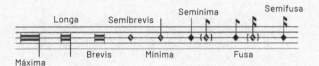

É possível que os compositores e os copistas tenham arredondado as cabeças e notas quadrangulares até chegar à forma elíptica que utilizamos hoje. Esse formato já pode ser encontrado em documentos do período barroco, que abrange o século XVII e parte do século XVIII. As partituras originais de Johann Sebastian

Bach, que viveu entre 1685 e 1750, já apresentavam o sistema utilizado na atualidade quase em sua totalidade.

Figura 1.13 - Johann Sebastian Bach (1685-1750) e excerto de *Quinze invenções*, n. 8, BWV 779-801, 1723

Se ligue na batida

Algumas simbologias são criadas para suprir novas necessidades que a linha evolutiva da música exige. O **romantismo**, período que se iniciou na última década do século XVIII e avançou até a primeira década do século XX, é conhecido pelos trabalhos de compositores como **Ludwig van Beethoven** e **Richard Wagner**, que buscavam dar mais dramaticidade às suas músicas por meio de múltiplas nuances de intensidade sonora. Foi necessário desenvolver toda uma simbologia para dar conta desse novo paradigma. É esse sistema consolidado no período citado que vamos analisar nos próximos capítulos deste livro.

Podemos afirmar que a escrita musical se desenvolveu paralelamente ao desenvolvimento da música, de modo a atender a cada nova necessidade de registro. Além disso, é fato que a música continua se desenvolvendo, seja trilhando os caminhos da tradição europeia, seja seguindo outros rumos diversos. Trataremos desse tema de maneia mais detalhada na Seção 1.5.

1.4 Importância da escrita musical na atualidade

Vimos que, durante praticamente dois milênios, a escrita musical foi a única forma de registro dessa manifestação artística. A partir da Revolução Industrial, em meados do século XVIII, alguns inventores passaram a se dedicar à construção de máquinas capazes de reproduzir música. Nesse período, começaram a surgir as primeiras caixas de música e realejos; entretanto, ambos os mecanismos eram capazes apenas de tocar música com seu próprio timbre. Se as pessoas quisessem ouvir instrumentos da orquestra ou cantores, as salas de concerto eram seu destino. Nesses locais, nas casas equipadas com pianos, nas ruas e nas igrejas, era possível ouvir música e, para tocá-la, os músicos, os cantores e os maestros possuíam sua partitura.

Só as melhores

Machado de Assis, em seu conto "Um homem célebre", descreve os dilemas de um compositor brasileiro do início do século XX chamado Pestana. Além de enfocar o dilema do personagem entre compor música erudita ou música popular, especificamente o maxixe, que o assombra, Machado também retrata a pressão que o compositor sofre por parte de sua editora. Pestana precisava compor música constantemente para editar em partitura e vender. Era assim que se comercializava música até a época descrita na narrativa. Levar música para casa significava adquirir uma partitura impressa para ser executada ao piano.

Caso queira ler esse grande conto da literatura brasileira na íntegra, acesse:

MACHADO DE ASSIS, J. M. Um homem célebre. In: _____. **Várias histórias**. Rio de Janeiro: Nova Aguilar, 1994. v. II. Disponível em: <http://www.dominiopublico.gov.br/download/texto/bv000260.pdf>. Acesso em: 28 abr. 2020.

Logo vieram o rádio e a popularização das gravações, primeiro em discos de cera e, mais tarde, em vinil. Assim, desde as primeiras décadas do século XX, a partitura já não era a única forma de adquirir música.

A evolução das tecnologias e dos meios usados para compartilhar e comercializar música evoluíram rapidamente entre os séculos XX e XXI. Por um lado, desenvolveu-se o armazenamento em mídias físicas. Depois dos discos de cera e vinil, vieram a fita K7, o *compact disc* (CD), os *pendrives* e os cartões de memória. Por outro lado, a tecnologia digital, que *a priori* servia para o armazenamento em CDs, motivou o surgimento da ideia de compartilhamento de músicas via internet, o que culminou na tecnologia do *streaming*, o qual prescinde do armazenamento de arquivos em dispositivos, pois possibilita o acesso às músicas via rede remota. Portanto, neste início de século XXI, a música está à distância de um clique. Nesse contexto, por que ainda seria importante saber escrever e ler partitura?

 Se ligue na batida

Propositalmente, o início desta seção aponta para apenas uma das finalidades da partitura: o da **portabilidade da música**.
De fato, não precisamos mais adquirir uma partitura para termos posse da música. Podemos abrir um aplicativo de *streaming* e ouvir a música que desejamos. Curiosamente, para inserirmos uma gravação em um desses aplicativos, precisamos da intermediação de uma editora, mesmo que não seja necessário, em momento algum do processo, editar a partitura da música. Mas isso é assunto para debates sobre a indústria fonográfica.

O que importa é que há formas distintas de sublinhar a importância da leitura e escrita musical (LEM). O processo de desenvolvimento da notação de música ocorreu paralelamente ao aprofundamento na teoria musical, por exemplo. Ensinar, aprender e estudar aspectos como contraponto, harmonia e arranjo demanda domínio das técnicas de escrita e leitura musical. A música se materializa com sons, mas é no papel que ainda podemos decifrar seus aspectos teóricos. Compreender a música é função da disciplina de Análise Musical. Ela dialoga com a teoria e também se desenvolve com base nas partituras.

No que diz respeito à *performance*, tudo indica que, apesar de a qualidade de reprodução das mídias musicais ser cada vez mais fiel, está longe o momento em que as gravações vão substituir os concertos. Somente "ao vivo" é possível ao espectador ter uma experiência completa: auditiva, visual, tátil. Nenhuma gravação traz uma experiência tão realista quanto a de ouvir o som diretamente da orquestra, sem filtros, sem perdas de frequência, sem equalizações que mostram um equilíbrio irreal dos instrumentos. Para que essa *performance* se materialize, cada músico tem sua partitura, pois ali está escrito o que o compositor ou arranjador pensou para cada instrumento.

Hora do ensaio

A escrita musical também é importante para os corais. Se você nunca participou de um, procure ter essa experiência. Ao entrar num grupo de canto, você logo receberá as partituras do repertório que está sendo ensaiado. Se você souber ler partitura, o regente se sentirá realizado. Se não souber, ela será útil da mesma maneira, atuando como referência visual para os contornos melódicos – como se exercesse a função dos neumas, que mencionamos na Seção 1.3.

Você também pode ter uma caderneta de anotações musicais. O preparador vocal, ou professor de canto, escreve nele exercícios de aquecimento e técnica para aplicar com seus alunos. Alguém pode argumentar que também é possível gravar no próprio aparelho celular. Sim, é possível e recomendável, pois isso agiliza o processo de registro. Entretanto, é também importante que se faça a transcrição para a caderneta, ou você vai aplicar os exercícios ouvindo o áudio de seu celular? Além dessa utilidade, um compositor ou arranjador pode anotar ideias musicais para utilizar mais tarde e um professor pode anotar canções para trabalhar em sala de aula, entre outras finalidades.

Em suma, a partitura ainda é o principal meio de comunicação entre os diversos agentes musicais: compositores, arranjadores, produtores, maestros, instrumentistas, cantores, professores e alunos. Músicos de todas as partes do mundo sabem ler e escrever partitura. É um sistema praticamente universal e, por essa razão, prossegue indispensável.

Ainda assim, são inegáveis as mudanças que o desenvolvimento tecnológico trouxe para os profissionais da área musical. Uma delas é que a partitura não é mais o principal produto do mercado musical, embora ainda seja comercializada em algumas situações. Outro advento dessa nova dinâmica foi o surgimento de excelentes *softwares* de edição de partitura para computador, bem como de aplicativos para celulares e *tablets* que podem conferir agilidade ao processo de escrita musical e resultar em uma apresentação final de alta qualidade. Esses novos recursos devem ser explorados e utilizados; no entanto, enfatizamos que a partitura seguirá ainda por muito tempo como a melhor forma de estabelecer comunicação entre aqueles que fazem, ensinam e aprendem música.

1.5 Técnicas de notação de música contemporânea

Explicamos, na Seção 1.2, que a música como a conhecemos é formada por ritmo, melodia e harmonia. Contudo, entre o fim do século XIX e o início do século XX, alguns compositores, tomados por anseios vanguardistas, sentiram-se instigados a romper com os paradigmas musicais, experimentando novas formas de pensar música. Novas concepções sobre harmonia, ritmo, uso de ruídos e aleatoriedade surgiram e abriram o leque musical. A essa música, que se originou no início do século XX pelo anseio de romper com o sistema tonal que imperava até então, chamamos de **música contemporânea**.

No âmbito do gênero *música contemporânea* há diversas correntes que buscam rupturas pelos mais diversos caminhos. Há os mais conservadores, cuja vanguarda consiste em buscar novos tratamentos para o sistema de sons utilizado na música de tradição europeia. A bandeira desse movimento é contra o tonalismo, e o anseio dos defensores dessa perspectiva artística deu origem a estratégias como o serialismo, o atonalismo, o impressionismo e o politonalismo.

Em alto e bom som

O **atonalismo** consiste na busca pela ruptura com o sistema tonal (esse conceito será abordado com profundidade no Capítulo 4). Uma das estratégias empregadas com esse fim é o **serialismo**, em que o afastamento do antigo sistema é obtido por meio da organização dos 12 sons musicais numa determinada sequência, à qual se chama *série*. Esta é modificada de maneiras distintas e o compositor utiliza as notas musicais nessas sequências predefinidas. O principal expoente dessa vertente é o compositor austríaco **Arnold Schöenberg**.

Granger, NYC./Alamy/Fotoarena

Por sua vez, o **impressionismo** busca a ruptura com o sistema tonal por meio da dissolução das relações harmônicas. Os acordes passeiam entre distintas tonalidades (esse conceito será trabalhado com profundidade no Capítulo 4), dissipando a noção do tom. **Claude Debussy** é o compositor mais representativo desse estilo.

Já o **politonalismo** foi um recurso bastante utilizado por compositores como **Igor Stravinsky**, compositor de *A sagração da primavera*, para romper com o tonalismo, usando os próprios princípios. Associavam-se melodias e harmonias em tonalidades distintas, provocando-se a sensação no ouvinte de que algo estava fora de contexto.

Só as melhores

Ouça lindas *performances* dos artistas citados nesta seção em:

A SAGRAÇÃO da primavera. Disponível em: <https://www.youtube.com/watch?v=_zxYGQVc2Bg>. Acesso em: 28 abr. 2020.

CLAUDE Debussy: Prelude to the Afternoon of a Faun. Disponível em: <https://www.youtube.com/watch?v=9_7Ioz-HWUM>. Acesso em: 28 abr. 2020.

SCHOENBERG: Piano Concerto op. 42 (1942), Brendel/BRSO, Kubelik. Disponível em: <https://www.youtube.com/watch?v=rZIB2tRyvQw>. Acesso em: 28 abr. 2020.

Todas essas correntes negavam importantes paradigmas musicais da época, mas ainda se utilizavam do mesmo sistema de notação. No caso de outros movimentos artísticos, isso não foi possível. A ideia da **música aleatória**, por exemplo, partia do princípio de que cada apresentação teria um resultado sonoro único. Assim ocorre com a *Radio Music*, composta em 1956 por John Cage. As fontes sonoras dessa peça não são instrumentos musicais convencionais: são oito rádios. Cada um dos executores dispõe de instruções para mudar de frequência em determinados tempos. O resultado sonoro depende de muitos fatores, como o local onde se executa a peça e a programação das rádios sintonizadas. Como os elementos constituintes dessa música de Cage não são os que vimos na Seção 1.2, obviamente ela precisaria de outra forma de notação.

Só as melhores

JOHN Cage: Radio Music. Disponível em: <https://www.youtube.com/watch?v=40_236mWhSE>. Acesso em: 28 abr. 2020.

Outros compositores também incorporaram elementos exóticos à tríade ritmo-melodia-harmonia. A própria noção de melodia passou a ser repensada. Novas técnicas vocais foram introduzidas, como o **sprechgesang**, na qual o cantor entoa um misto entre declamação e canto. Alguns compositores inseriram ruídos como elementos musicais, a exemplo da música já mencionada de John Cage. Outros modificaram instrumentos, como nas peças para piano preparado, e fomentaram o uso de instrumentos musicais de maneiras distintas do habitual. Houve também um grupo de compositores que produziu os próprios sons por meio de experimentos eletroacústicos.

Só as melhores

Ouça exemplos que ilustram as manifestações citadas no parágrafo:

KARLHEINZ Stockhausen: Telemusik (1966). Disponível em: <https://www.youtube.com/watch?v=vdle2CrorMM>. Acesso em: 28 abr. 2020.

PIANORQUESTRA: Perk (Multifonias). Disponível em: <https://www.youtube.com/watch?v=6n6Ae53AILU>. Acesso em: 28 abr. 2020.

SCHOENBERG Pierrot Lunaire Op. 21. 1. Mondestrunken. Partitura. Interpretación. Disponível em: <https://www.youtube.com/watch?v=YbTn7Y9XAhA>. Acesso em: 28 abr. 2020.

Muitos desses novos elementos não encontravam respaldo na forma convencional de notação, e seus compositores tiveram de se desdobrar para criar símbolos que dessem conta de representá-los.

A rigor, não existe um sistema estabelecido para notação de música contemporânea. Na verdade, cada peça musical carrega em si uma forma única de se conceber música. Assim, cada peça musical apresenta especificidades e exigências próprias para as quais o compositor precisa encontrar a melhor saída para sua representação. Vejamos os exemplos a seguir.

A música *Stripsody*, da cantora e compositora americana Cathy Berberian, ilustra bem uma prática comum entre os compositores de música contemporânea: criar a própria simbologia. Alguns dos signos contidos na notação são perfeitamente dedutíveis, mas, para que a intenção do compositor seja entendida com clareza, esse tipo de partitura vem precedido de instruções ou legendas.

Só as melhores

Ouça a música *Stripsody* em:

STRIPSODY: Cathy Berberian. Disponível em: <https://www.youtube.com/watch?v=GB6IzdokXSc>. Acesso em: 28 abr. 2020.

Outra notação que precisa ser explicada inicialmente é a da obra *Snowforms*, do compositor canadense Raymond Murray Schafer.

 ### Só as melhores

Veja a bela *performance* do Vancouver Chamber Choir em uma apresentação da obra de Murray Schafer:

VANCOUVER CHAMBER CHOIR. **Snowforms**. R. Murray Schafer. Disponível em: <https://www.youtube.com/watch?v=GiOhtgR1T0k>. Acesso em: 28 abr. 2020.

Nas instruções iniciais dessa peça, Schafer explica que buscou inspiração num voo que fez em 1971 pela Rota Polar da Europa para Vancouver, no Canadá. Com tempo bom, ele pôde admirar a riqueza dos contornos geográficos cobertos de neve. São justamente essas formas da neve que se tornam os contornos melódicos de sua composição. As notas musicais representadas por letras dispostas nas inflexões dos traços permitem que a melodia possa ser interpretada com relativa precisão. A variação na espessura do traço é diretamente proporcional à intensidade do som. *Snowforms* é, ao mesmo tempo, música e arte visual – um excelente exercício de tradução intersemiótica.

Em alto e bom som

Semiótica é a ciência que estuda os signos e seus significados. Eles existem em todas as formas de arte. O ato de transportar signos de uma forma artística para outra é chamado de *tradução intersemiótica*.

Se ligue na batida

Mesmo parecendo completamente diferentes, as duas partituras têm algo em comum: uma linha do tempo. Schafer é mais objetivo e constrói uma escala de tempo com valores em minutos e segundos. Berberian deixa a vinculação com o tempo mais subentendida, porém os eventos sonoros se sucedem claramente de acordo com uma sequência cronológica. Apesar da vocação da música contemporânea de quebrar paradigmas, algo que não se pode mudar é sua íntima relação com o tempo. Aliás, um paradigma que os compositores contemporâneos ainda não conseguiram quebrar é o de a música ser uma das artes que se realiza ao longo do tempo.

Concluindo a reflexão sobre a notação na música contemporânea, reiteramos que não há um sistema específico. Estabelecer signos que orientem a interpretação musical de forma eficaz faz parte também do processo criativo do compositor.

Resumo da ópera

Iniciamos o capítulo com algumas definições essenciais para a música. Primeiramente, apresentamos a definição de *som*, onda mecânica que transmite energia e se propaga em meio elástico. Para haver som, são necessários três elementos: a fonte emissora, o meio de propagação e o receptor.

O silêncio absoluto só é possível pela ausência total de algum desses elementos. Na música, o que utilizamos é o silêncio relativo.

Ainda sobre o som, vimos suas propriedades associadas às sensações auditivas. A frequência, medida em hertz (Hz), representa a quantidade de vibrações por segundo e está relacionada à altura do som. A frequência alta indica um som agudo, ou alto. A frequência baixa refere-se a um som grave, ou baixo.

Outra propriedade analisada no texto foi a duração, cujo conceito e percepção estão ligados ao tempo que as vibrações sonoras perduram.

A terceira propriedade descrita no capítulo foi a amplitude, que indica a força da onda senoidal percebida como intensidade: sons fortes e fracos.

A última propriedade analisada foi o timbre, que, do ponto de vida da física, é obtido pela configuração dos harmônicos e perceptivamente é o responsável pela distinção entre as fontes sonoras.

Passamos então à abordagem sobre os elementos fundamentais da música na qualidade de formas de organização sonora desenvolvidas no Ocidente. Vimos que o ritmo diz respeito à maneira de organizar o tempo na música, enquanto a melodia se refere à organização das alturas e se relaciona com o ritmo. Por fim, a harmonia diz respeito à maneira de combinar notas ao mesmo tempo.

Em seguida, apresentamos o panorama histórico da evolução da notação musical, desde os registros mais elementares, com letras indicando notas, passando pelos neumas, que indicavam contornos melódicos, até chegar ao modelo que fundamenta a partitura atual: o de Guido D'Arezzo.

Também discutimos a importância da escrita musical na atualidade. Destacamos pontos como o fato de o desenvolvimento da música, da teoria musical e da notação ter ocorrido em paralelo, bem como a interdependência dessas três manifestações para que cada uma delas seguisse se desenvolvendo. Também demonstramos que a escrita musical fornece material para viabilizar *performances* ao vivo – ainda insubstituíveis, quando comparadas às gravações produzidas com as tecnologias atuais. Enfatizamos a importância da partitura para os corais, assim como para musicistas terem uma forma de fazer anotações sobre ideias musicais. Além disso, indicamos que esse recurso ainda é o principal meio de comunicação entre os agentes musicais.

Por fim, apresentamos brevemente o cenário da música contemporânea e alguns exemplos de partitura, mostrando que o sistema de notação musical se desenvolve conforme a necessidade e o modelo apresentado neste livro não é estanque, tampouco único.

 Teste de som

1. Sobre o som, analise as seguintes afirmativas:
   i) Som é uma onda eletromagnética que provoca vibrações em meio material.
   ii) O som não pode propagar-se no vácuo.
   iii) O som não pode existir sem um receptor.
   iv) O som não pode propagar-se na água.

Agora, assinale a alternativa correta:

a) Apenas as afirmativas I, II e III estão corretas.

b) Apenas as afirmativas II, III e IV estão corretas.

c) Apenas as afirmativas II e III estão corretas.

d) Apenas as afirmativas I e III estão corretas.

e) Apenas as afirmativas I e IV estão corretas.

2. As propriedades do som são frequência, duração, amplitude e timbre. Elas estão relacionadas, respectivamente, a quais percepções auditivas?

a) Duração, altura, identidade sonora e intensidade.

b) Identidade sonora, intensidade, altura e duração.

c) Altura, identidade sonora, duração e intensidade.

d) Intensidade, altura, duração e identidade sonora.

e) Altura, duração, intensidade e identidade sonora.

3. Os elementos fundamentais da música são:

a) altura, duração e intensidade.

b) ritmo, melodia e harmonia.

c) instrumentista, instrumento e plateia.

d) notas musicais.

e) altura, ritmo e intensidade.

4. Sobre a história da escrita musical, assinale V (verdadeiro) ou F (falso):

( ) O Epitáfio de Seikilos registrou a primeira notação neumática.

( ) A notação neumática imitava contornos melódicos.

( ) Guido D'Arezzo instituiu uma pauta com quatro linhas coloridas.

( ) A escrita musical se desenvolveu isoladamente em relação à história da música.
( ) Existem diversas formas de escrever música.

Agora, assinale a alternativa que indica a sequência obtida:

a) F, F, V, F, V.
b) V, V, V, F, V.
c) F, F, V, F, F.
d) F, V, V, F, V.
e) V, V, V, V, F.

5. Os sistemas de notação na música contemporânea são diversos. Entretanto, todos eles contam com um elemento em comum. Qual é esse elemento?
a) Tempo.
b) Atonalismo.
c) Timbre.
d) Extensão.
e) Pentagrama.

Treinando o repertório

Pensando na letra

1. O que é música? Reflita sobre essa pergunta e, com base em sua experiência pessoal, formule uma resposta.

2. Vimos uma série de argumentos que atestam a importância da leitura e escrita musical (LEM). Por quais razões a LEM pode ser importante para você?

Som na caixa

1. Selecione um grupo de pessoas de seu convívio e faça a elas a pergunta que você já respondeu: o que é música, para você? Compare as respostas e veja quais foram os pontos em comum.

Capítulo 2

O "ALFABETO" MUSICAL

No capítulo anterior, explicamos como a história da música balizou o desenvolvimento da escrita musical. Uma variedade de símbolos, consagrados por seu uso, constituíram o que conhecemos por *partitura*. Neste capítulo, apresentaremos algumas dessas figuras, com o respectivo significado musical, que nos permitem escrever e ler música.

A palavra *alfabeto* vem da união dos nomes das duas primeiras letras da escrita grega: *alfa* e *beta*. No processo de alfabetização, uma das premissas do processo consiste no domínio das letras do alfabeto por parte do aluno. Nosso objetivo neste capítulo é fazer uma introdução ao processo de alfabetização musical, apresentando seus símbolos básicos, análogos às letras de nosso alfabeto. Com eles, você poderá escrever e ler melodias assim como lê os textos de nossa língua nativa.

De início, descreveremos o ambiente no qual a escrita musical se desenvolve – o pentagrama – e o modo como nele representamos as alturas musicais. Em seguida, faremos uma exposição das claves, com foco em sua função, seu uso e sua origem. Na sequência, nossa atenção recairá na representação das durações das notas musicais, bem como nas noções de tom e semitom e nos sinais de alteração de altura e de duração.

2.1 A pauta e as notas musicais

Na seção dedicada nesta obra à história da notação musical, comentamos que os primeiros modelos utilizavam letras para representar as alturas e símbolos específicos para a duração. Tempos mais tarde, surgiu o sistema dos neumas, que representavam contornos melódicos. Ambas as soluções eram limitadas, pois não representavam alturas e durações com a devida precisão.

Somente com o advento do sistema de Guido D'Arezzo é que se obteve uma representação mais fidedigna das músicas. Tal fato se deveu à forma organizada com que se representavam as notas musicais sobre as quatro linhas horizontais, paralelas e coloridas. A partitura de D'Arezzo herdou a precisão do sistema grego antigo e a visualidade dos neumas.

O surgimento da prensa móvel no século XV e sua crescente difusão nos anos seguintes tornaram viável fazer cópias em papel em larga escala, ainda que em preto e branco. As linhas coloridas foram gradativamente caindo em desuso. Com o passar do tempo, a algumas partituras foi acrescentada uma quinta linha paralela. Esse conjunto de cinco linhas horizontais passou a ser o padrão para a escrita musical e veio a se chamar **pentagrama** ou **pauta**.

Figura 2.1 - Prensa móvel (século XV)

Dja65/Shutterstock

Figura 2.2 – Pentagrama

```
5 ─────────────────────
                        4
4 ─────────────────────
                        3
3 ─────────────────────
                        2
2 ─────────────────────
                        1
1 ─────────────────────
  linhas              espaços
```

A pauta musical é formada não apenas pelas cinco linhas horizontais, mas também pelos quatro espaços entre elas. Para facilitar a comunicação, costuma-se enumerar as linhas de um a cinco em sentido ascendente, começando pela inferior. Da mesma forma ocorre com os espaços, que são enumerados de um a quatro.

Somando as **cinco linhas** aos **quatro espaços**, temos a possibilidade de representação de **nove alturas sonoras**. No entanto, as músicas não se limitam a apenas essa gama de notas musicais. Para que esse problema fosse sanado, foram criadas as **linhas suplementares**.

Figura 2.3 – Linhas suplementares

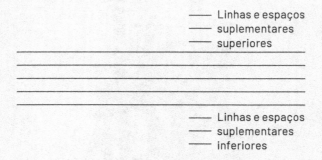

As linhas suplementares são segmentos menores de linha utilizados apenas para suprir uma necessidade momentânea da escrita. Quando existe uma nota cuja representação ultrapassa os limites inferior ou superior do pentagrama, lança-se mão desse recurso apenas naquele momento. Podem ser utilizadas tantas linhas quanto forem necessárias, respeitando-se a clareza da partitura. Os espaços gerados pelas linhas suplementares também são usados para representar notas musicais.

Se ligue na batida

É muito importante, para a clareza da escrita musical, grafar as notas musicais de maneira cuidadosa, respeitando-se algumas regras.

Primeiro, as **cabeças de nota** – desavisadamente chamadas de "bolinhas" – não têm forma circular, mas elíptica. Segundo, há uma forma correta de posicionar a nota na linha ou no espaço, como podemos ver a seguir.

Figura 2.4 – Posicionamento das notas na pauta

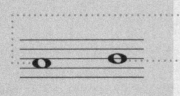

Repare que a nota escrita no **espaço** deve ocupar todo ele, tangenciando as linhas acima e abaixo. Já a nota escrita na **linha** deve estar bem centralizada sobre ela, ou seja, a porção acima da linha deve ser igual à poção abaixo.

Apesar de ser o ambiente consagrado para a notação musical, em alguns casos o pentagrama não é a melhor alternativa. Alguns instrumentos de percussão, como o pandeiro, produzem uma variedade pequena de sons. A rigor, eles não precisariam de tantas linhas para se escrever e ler o que é tocado. Veja o exemplo a seguir.

Figura 2.5 – Excerto de partitura de pandeiro

Fonte: Moura, 2020.

 Só as melhores

Ouça a obra de Sivuca, perfomarda por Danilo Moura, mais especificamente dos 23 aos 37 segundos.

MOURA, D. **Frevo-SPOK**: pandeiro – Danilo Moura. Disponível em: <https://www.youtube.com/watch?v=fJ2pSbhwmnQ>. Acesso em: 28 abr. 2020.

A partitura apresentada é uma transcrição feita pelo percussionista Danilo Moura da música *Frevo sanfonado*, de Sivuca, interpretada pelo grupo Spok Frevo. No sistema de notação utilizado por Moura, há apenas **uma linha**. Cada tipo de som a ser gerado no pandeiro tem seu signo específico, bem como uma disposição: abaixo, acima ou encostando na linha. É um sistema bastante utilizado; entretanto, ressaltamos que não é o único para notação de pandeiro. Por isso, para que o autor da partitura tenha absoluta certeza de que o leitor vai compreender a escrita, apresenta-se, ao final da partitura, a convenção adotada.

Figura 2.6 – Convenções da partitura de pandeiro

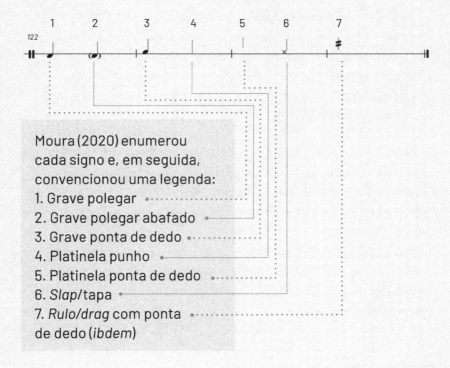

Fonte: Moura, 2020.

Podemos ver que, no caso do pandeiro, as instruções dizem respeito à região do instrumento e como se deve percuti-lo.

> **Se ligue na batida**
>
> Ainda sobre as cabeças de nota, destacamos que elas assumem formas diferentes. Há as elípticas, comuns para a música, mas há também a elíptica entre parênteses, um "x" e até figuras em cabeça. Há ainda outras formas de cabeça, como as triangulares e o "x" inserido em um círculo. Isso é recorrente na notação para percussão em geral.

Nem todas as partituras de percussão adotam esse padrão de uma linha. No entanto, todas as partituras de percussão bem escritas devem apresentar, seja no início, seja no final, a convenção adotada para relacionar os instrumentos ou sua forma de tocar com os signos utilizados.

O símbolo musical representado na Figura 2.4 é a semibreve, que indica uma duração específica – assunto da Seção 2.3. Para determinar sua afinação, é necessário ter mais uma informação, que veremos a seguir.

2.2 Claves

As linhas coloridas da notação de D'Arezzo já representavam, por si sós, alturas musicais. Ao perder as cores e ganhar mais uma linha, a pauta também perdeu a referência das alturas. Podemos pensar que o conjunto de pentagramas é um papel pautado no qual se realiza a escrita musical. As linhas, isoladamente, não têm qualquer significado, como tiveram anteriormente. Agora, elas precisam de outro elemento para adquirir a referência de altura, e o símbolo que se estabeleceu com essa função é chamado de **clave**.

Em alto e bom som

Podemos afirmar que a **clave** é uma espécie de carimbo, com o qual se estabelece uma convenção, um tratado inicial que, ao indicar a localização de uma nota musical, determina a posição de todas as outras.

Os primeiros sinais do surgimento das claves apareceram na notação musical de D'Arezzo, que utilizava as letras C e F para indicar a posição das notas musicais. Mais tarde surgiu a clave de Sol, que viria a se tornar a mais usada. A simbologia evoluiu a partir de letras, de uma maneira aproximada à exposta na Figura 2.7.

Figura 2.7 – Evolução das claves

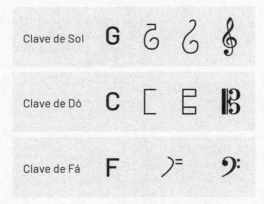

A utilização das letras se deve ao fato de que, nas culturas de língua inglesa, as notas musicais recebem o nome das **sete primeiras letras do alfabeto**, a partir do Lá. Essa simbologia foi transportada, e amplamente difundida, para a designação de tonalidades, claves e acordes. Assim, as letras **G**, **C** e **F** representam **Sol**, **Dó** e **Fá**, respectivamente. A última coluna da Figura 2.7 apresenta as claves como são representadas atualmente.

Os três tipos de clave que vimos até aqui não suprem todas as necessidades da música. Alguns instrumentos, em razão de sua **extensão**, usam as mesmas claves – uma oitava acima ou uma oitava abaixo. Para a sua representação, basta escrever o número 8 acima da clave, caso se queira que ela soe uma oitava acima, ou abaixo da clave, para soar uma oitava abaixo, como podemos ver na Figura 2.8.

Figura 2.8 – Claves alteradas

O **violão** é um instrumento que utiliza esse recurso, com o emprego da clave de sol uma oitava abaixo. Nas **partituras de coral**, a pauta de tenor geralmente apresenta a mesma clave. Em muitos casos, não aparece na partitura a clave acrescida do número 8. No entanto, nos exemplos citados, em virtude da tradição da escrita, subentende-se que a leitura deve soar uma oitava abaixo[1].

 Em alto e bom som

O termo **extensão**, em música, é usado para se referir ao intervalo entre a nota mais grave e a mais aguda que uma fonte sonora é capaz de produzir.

. . .
1 Por essa razão, o violão é considerado por muitos um instrumento transpositor, ou seja, que produz alturas sonoras diferentes daquelas que se leem.

> O conceito de **oitava** representa uma extensão que vai de uma nota até a nota seguinte de mesmo nome, mais aguda ou mais grave. Portanto, a distância entre uma nota Dó e a próxima nota Dó mais aguda é de uma oitava. Aprofundaremos essa noção na Seção 4.1.

Também é possível que a escolha de uma clave não dê conta da extensão da melodia a ser registrada naquela pauta. Nesses casos, pode-se alternar a clave no trecho em que essa mudança se fizer necessária, como podemos ver no exemplo a seguir.

Figura 2.9 – Mudança de clave

 Se ligue na batida

É importante salientarmos que a escolha de determinada clave não determina uma tonalidade, ou seja, o fato de se escrever uma música utilizando-se a clave de Sol não significa que seu tom seja Sol Maior. Há um outro signo detentor dessa função, o qual vamos abordar na Seção 3.2.

A representação das claves apresentada até aqui é utilizada em edições finais das partituras. Obviamente, quando existe a necessidade de escrever à mão e com agilidade, não há razão para o apego à riqueza de detalhes. Manualmente, a grafia das claves pode ser feita tal como ilustra a Figura 2.10.

Figura 2.10 – Claves manuscritas

Não há uma caligrafia mais correta que outra. Há formas consagradas pelo uso, como as representadas na figura anterior. O que importa na escrita das claves é que elas determinem exatamente a linha em que se localiza a nota representada por elas, ou seja, no exemplo da Figura 2.10, a clave de Sol deve cruzar a segunda linha, a clave de Dó deve ter a inflexão da parte curva coincidindo com a terceira linha, e a clave de Fá deve ter o ponto à esquerda em cima da quarta linha e os pontos à direita acima e abaixo dela.

A clave de Sol na segunda linha é a mais usada e a mais elaborada de se representar. Veja, na Figura 2.11, um passo a passo como sugestão para a grafia desse símbolo.

Figura 2.11 – Passo a passo da escrita da clave de Sol

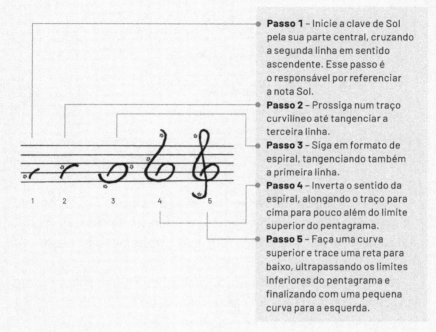

Passo 1 – Inicie a clave de Sol pela sua parte central, cruzando a segunda linha em sentido ascendente. Esse passo é o responsável por referenciar a nota Sol.

Passo 2 – Prossiga num traço curvilíneo até tangenciar a terceira linha.

Passo 3 – Siga em formato de espiral, tangenciando também a primeira linha.

Passo 4 – Inverta o sentido da espiral, alongando o traço para cima para pouco além do limite superior do pentagrama.

Passo 5 – Faça uma curva superior e trace uma reta para baixo, ultrapassando os limites inferiores do pentagrama e finalizando com uma pequena curva para a esquerda.

Hora do ensaio

Treine as claves em seu caderno, lembrando sempre que o mais importante é indicar com precisão a posição da nota musical que dá nome à clave.

Depois de determinada a referência de altura, as outras notas são determinadas pela ocupação dos espaços e linhas anteriores e posteriores. Assim, as notas musicais que conhecemos posicionam-se nas três principais claves tal como mostra a Figura 2.12.

Figura 2.12 – Claves e notas musicais

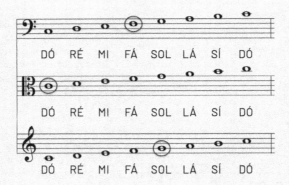

As notas circuladas são as **referências de altura** nos três casos. Na clave de Dó, a referência coincide com o início da escala (tratamos desse conceito na Seção 3.1); nas outras claves, a nota de referência está no meio da escala.

Pronto! Agora você já pode localizar as alturas numa pauta com o auxílio das claves. O próximo passo será determinar a duração dessas notas para a escrita de melodias.

2.3 Durações

No Capítulo 1, demonstramos como a representação da duração do som evoluiu ao longo da história. No sistema de notação moderno, os signos representativos dessa propriedade do som são formados mediante a combinação de três partes fundamentais, como indica a Figura 2.13.

Figura 2.13 – Elementos da nota musical

A figura apresenta os três elementos que compõem a representação de uma nota musical.

A **cabeça**, como comentamos anteriormente, é uma elipse. Em alguns casos, ela é cheia e inclinada, como no exemplo; em outros, ela fica na horizontal e é vazada. Em ambas as situações, se grafada na linha, ela tem de ser bem centralizada; se escrita no espaço, ela precisa tangenciar as linhas adjacentes. Alguns autores também chamam a cabeça vazada de *branca* e a cheia de *preta*.

Em seguida vem a **haste**: linha vertical que parte de uma das extremidades da cabeça da nota e tem comprimento aproximadamente igual à distância entre as linhas 1 e 4. Se a nota ocupar a porção inferior da partitura, ou seja, até a terceira linha, a haste estará acima e à direita da cabeça da nota. Se a nota estiver acima da terceira linha, a haste será posicionada abaixo e à esquerda da cabeça da nota. Observe o exemplo a seguir.

Figura 2.14 – Disposição da haste

O comprimento da haste também pode variar em alguns casos específicos. Se as notas ocuparem linhas ou espaços suplementares, tanto superiores quanto inferiores, o comprimento da haste será maior para que a nota não perca conexão com a pauta.

Figura 2.15 – Comprimento da haste de notas em linhas e espaços suplementares

Note que, a partir da nota Si, no segundo espaço suplementar superior, a haste é estendida até a terceira linha da pauta.

O comprimento da haste também pode variar de acordo com o número de colchetes que a figura tiver, como ilustra a Figura 2.16.

Figura 2.16 – Comprimento da haste em função da quantidade de colchetes

O **colchete** é a forma consagrada de indicar a divisão, por múltiplos de 2, da duração da figura original. Um colchete indica a divisão por 2, dois colchetes indicam a divisão por 4, três colchetes a divisão por 8, e assim sucessivamente. O colchete é sempre representado à direita da haste. Nos países de língua inglesa, esse elemento é chamado de *flag*, cuja tradução é "bandeira". Por esse motivo, é comum alguns músicos se referirem a ele como *bandeira* ou até *bandeirola*.

Quando numa partitura existem notas sucessivas com colchetes, estes podem ser unidos, resultando numa linha horizontal de maior espessura entre suas hastes.

Figura 2.17 – Ligação entre notas com colchetes

Normalmente, essa ligação entre notas com colchetes acontece apenas dentro de uma mesma unidade de tempo. Essa é uma prática que facilita a leitura, criando combinações entre figuras que acabam assumindo uma unidade rítmica reconhecível.

Na Figura 2.17, na primeira unidade de tempo, temos a ligação entre duas notas com apenas um colchete. O resultado é apenas uma linha horizontal. Já a segunda unidade de tempo representa a ligação entre uma nota com um colchete e duas notas com dois colchetes. Nesse caso, a segunda linha aparece somente entre a segunda e a terceira notas. No terceiro tempo, a nota com um colchete é deslocada para o meio e, assim, as notas das extremidades carregam apenas um segmento do segundo traço. No quarto tempo, temos todas as notas com dois colchetes; por essa razão, todas são unidas por duas linhas horizontais.

Agora que você conhece esses elementos constitutivos da simbologia das notas musicais, vamos ver como eles são combinados para obter os valores de duração exatos necessários para a escrita musical. Observe a figura a seguir.

Figura 2.18 – Figuras de duração

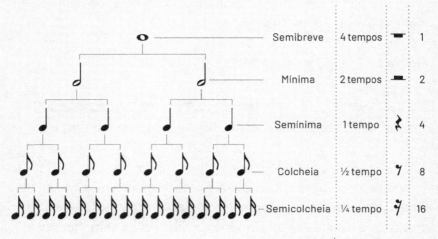

*Considerando-se ♩ como unidade de tempo.

Sempre que falamos de *tempo* em música, precisamos, antes de tudo, estabelecer uma unidade de tempo. Por isso, o primeiro detalhe a ser observado na figura anteriormente apresentada é que estamos considerando a **semínima** como unidade de tempo. O segundo detalhe é que repetiremos uma prática que já adotamos anteriormente: a de chamarmos as unidades de tempo simplesmente de *tempos*.

 Se ligue na batida

As cinco figuras de duração representadas são as mais utilizadas, porém não são as únicas. Acima da **semibreve**, com o dobro de sua duração, há a **breve**. Abaixo das **semicolcheias**, com metade de sua duração, existem as **fusas** e abaixo destas, também com metade da duração, vêm as **semifusas**. Seguindo o padrão lógico, **fusas** têm três colchetes e **semifusas** contam com quatro.

Na terceira coluna da Figura 2.18, ao lado da pirâmide de durações, encontram-se as figuras correspondentes à **pausa**. Podemos chamar de *pausa de semibreve, pausa de mínima,* e assim por diante. Os números contidos na terceira coluna correspondem à quantidade de figuras que cabem em um compasso de quatro tempos – o mais usado na música.

Hora do ensaio

Assim como recomendamos o treino das claves, é essencial que você faça da mesma forma com as figuras de duração. Escreva todas as figuras em diversas posições, em linhas e espaços do pentagrama e suplementares. Quando estiver treinando a escrita de determinada figura, mentalize ou mesmo verbalize o nome desse elemento. Você decorará naturalmente em razão da repetição constante.

Também recomendamos que escreva várias vezes as combinações da Figura 2.17. Elas serão importantes para a escrita de melodias, que logo será objeto de seu estudo.

2.4 Tom e semitom

Voltamos a tratar de alturas sonoras, relembrando um pouco do Capítulo 1. Um dos pontos-chave da teoria da música consiste em como quantificar ou classificar a distância entre os sons. Do ponto de vista da física, poderíamos facilmente calcular, dadas as frequências de dois sons, a distância ou a diferença entre eles em hertz. Entretanto, a teoria da música não se desenvolve sob a frieza dos cálculos das ciências exatas e, em vez de quantificarmos as alturas com valores precisos de frequência, damos nomes às notas musicais.

A origem dos nomes das notas musicais é atribuída também a Guido D'Arezzo, que teria se inspirado no Hino a São João Batista (Goldemberg, 2000, p. 8):

Ut queant laxis,

Resonare fibris,

Mira gestorum,

Famuli tuorum,

Solve polluti,

Labii reatum,

Sancte Ioannes.

A nota inicial do primeiro ao sexto verso segue a sequência de alturas utilizadas na época. A princípio, foram usados apenas esses seis primeiros versos, constituindo-se assim o sistema de seis notas que ficou conhecido como *hexacorde guidoniano* (Sadie, 1994). Com o passar do tempo, a primeira nota, de difícil utilização em solfejo pelo fato de ter dois fonemas e terminar em consoante, foi substituída pelo **Dó**. Além disso, a sétima nota foi acrescentada com as iniciais de *Sancte Ioannes*, o que deu origem ao nome **Si**.

 Se ligue na batida

Os nomes das notas musicais são amplamente conhecidos, mas não são iguais em todos os lugares do mundo. Na França, por exemplo, a nota Dó ainda é chamada de *Ut*. Os países de língua inglesa utilizam o sistema com as letras do alfabeto que já comentamos: C, D, E, F, G, A, B. Os países de língua alemã adotam sistema similar, porém a nota Si é representada pela letra H, em vez da letra B, que representa o Si*b*. Enfim, antes de ir trabalhar ou estudar em outro país, convém informar-se sobre a nomenclatura das notas musicais utilizadas.

Em alto e bom som

Solfejo é o método de estudo de leitura em que se entoam a altura e o nome das notas musicais.

No canto, quando unimos texto à melodia, as alturas sonoras são percebidas durante a dicção das vogais.

Tão importante quanto definir o nome das notas é entender as **relações de alturas entre elas**. As diferenças de frequência entre as alturas sonoras mantêm uma relação matemática, mas não são constantes. É possível calcular que entre Dó e Ré e entre Ré e Mi a diferença entre as frequências é maior que entre Mi e Fá. Sim, as notas Mi e Fá estão mais próximas. Podemos observar isso no teclado do piano.

Figura 2.19 – Teclas do piano

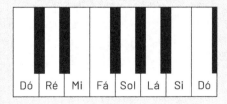

O teclado do piano é composto por teclas brancas e pretas. Para identificarmos as notas musicais no instrumento, podemos primeiro observar as teclas pretas, que estão dispostas em grupos de duas e de três teclas próximas. A tecla branca que se localiza no lado esquerdo do grupo de duas teclas pretas sucessivas é a nota Dó. A partir dela, se tocarmos as teclas brancas sucessivas, em direção ao lado direito do instrumento, ouviremos as notas musicais que conhecemos: Dó, Ré, Mi, Fá, Sol, Lá, Si.

Se ligue na batida

Podemos observar também que entre Dó e Ré, entre Ré e Mi, entre Fá e Sol, entre Sol e Lá e entre Lá e Si há uma tecla intermediária, que, a propósito, será objeto da próxima seção. No entanto, não existe tecla preta entre Mi e Fá e entre Si e Dó. É possível afirmar que essa é a menor distância entre notas no teclado do piano e, na verdade, em toda a música ocidental. A essa mínima distância entre notas damos o nome de **semitom**, designação também dada à distância entre a tecla branca e sua vizinha preta. A distância entre a nota Dó e a tecla preta entre Dó e Ré também é de um semitom. Assim ocorre igualmente entre essa mesma tecla preta e a próxima nota: Ré. Desse modo, podemos perceber que entre as notas Dó e Ré há dois semitons. A essa distância, obtida pela soma de dois semitons, damos o nome de **tom**.

Podemos concluir, então, que as distâncias entre as notas musicais, partindo do Dó, obedecem à seguinte ordem: tom, tom, semitom, tom, tom, tom, semitom – sequência que será importante para o estudo do conteúdo do Capítulo 3.

É importante alertarmos que a palavra *tom* é utilizada com três sentidos diferentes na música. O primeiro é aquele ao qual nos referimos até agora. O segundo sentido do termo será abordado mais profundamente no próximo capítulo, que diz respeito ao universo de notas escolhidas para uma música ou para determinado trecho musical. O terceiro, menos comum, corresponde ao conceito de tom que coloquialmente é utilizado como sinônimo de *altura sonora* ou *nota musical*. Portanto, quando ouvir falar de *tom*, fique atento ao contexto em que o termo está sendo empregado.

2.5 Alterações de altura e de duração

Até este ponto do texto, demonstramos como representar durações e alturas. Nos próximos tópicos, para contemplarmos todas as situações possíveis na música, apresentaremos mais alguns elementos.

2.5.1 Alterações de altura

Voltemos ao teclado do piano (Figura 2.19). Vimos que o instrumento conta com teclas pretas e brancas. Se partirmos de uma nota Dó, por exemplo, e avançarmos para a direita uma distância de um tom, alcançaremos a nota Ré. Porém, se, em vez disso, avançarmos apenas um semitom para a direita, alcançaremos uma tecla preta, cujo nome não será nem *Dó* nem *Ré*. Como partimos da nota Dó em direção à tecla preta adjacente à direita, podemos chamá-la de **Dó Sustenido**. Por outro lado, se partíssemos da nota Ré em direção à tecla preta vizinha à esquerda, chamaríamos a mesma nota de **Ré Bemol**.

Em alto e bom som

O **sustenido** pode ser definido, então, como uma alteração na altura de um semitom acima da nota natural, ou sem alteração. Do mesmo modo, o **bemol** se define como uma alteração na altura de um semitom abaixo da nota natural. Em outras palavras, o sustenido deixa a nota um semitom mais agudo, e o bemol, um semitom mais grave.

Figura 2.20 – Símbolos do sustenido e do bemol

♯ = + 1 semitom

♭ = - 1 semitom

Note que o signo do sustenido é constituído de duas linhas verticais paralelas e duas diagonais paralelas, com espessura maior que a das verticais. No contexto do século XXI, a observação desse detalhe se tornou fundamental para diferenciar esse signo da *hashtag* utilizada nas redes sociais. O signo que representa o bemol, apesar de obviamente fazer referência à letra "b", também tem suas particularidades. A haste deve ser vertical e a parte curva deve lembrar metade de um coração. Esse detalhe também precisa ser notado para que haja relação direta desse signo com seu significado.

A grafia desses sinais de alteração de altura na pauta também merece algumas observações.

Figura 2.21 – Grafia das alterações de altura na pauta

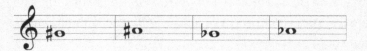

A primeira observação é que os sinais de alteração sempre aparecerão ao lado esquerdo da nota musical.

O sustenido, quando aplicado à nota que ocupa uma linha do pentagrama, deve estar centralizado verticalmente em relação ao elemento ao qual está associado. As linhas inclinadas não devem tocar as linhas do pentagrama. Nas situações em que a nota a ser alterada se encontra em um espaço, as linhas inclinadas cruzam as linhas do pentagrama logo acima do espaço, deixando o quadrilátero central do sustenido completamente inserido no espaço em questão.

No caso do bemol, quando aplicado à nota que ocupa uma linha do pentagrama, o "semicoração" deve ficar aproximadamente centralizado em relação ao elemento ao qual está associado. Quando a nota à qual ele for aplicado estiver em um espaço da pauta, o "semicoração" deve tangenciar as linhas adjacentes, ficando inserido entre elas.

Em uma oitava há cinco notas alteradas, que podem ser chamadas de *sustenidas* ou *bemóis*, dependendo do caso.

Figura 2.22 – Sustenidos e bemóis em uma oitava

Dó♯	Ré♯		Fá♯	Sol♯	Lá♯		
Dó	**Ré**	**Mi**	**Fá**	**Sol**	**Lá**	**Si**	**Dó**
Ré♭	Mi♭		Sol♭	Lá♭	Si♭		

Repare que entre Mi e Fá e entre Si e Dó não há notas intermediárias. Isso não significa que não existam Mi e Si Sustenidos ou Fá e Dó Bemóis. Essa questão, bem como a definição das situações em que se deve utilizar sustenido ou bemol, será esclarecida no próximo capítulo.

As alterações de altura também podem ser chamadas **acidentes**, sendo o sustenido e o bemol os principais; mas ainda há outros que são variações desses fenômenos.

Figura 2.23 – Outros acidentes

𝄪 = Dobrado sustenido = + 1 tom
♭♭ = Dobrado bemol = - 1 tom
(♯)(♭) = Acidentes de prevenção
♮ = Bequadro (desfaz alteração)

O dobrado sustenido e o dobrado bemol são alterações de altura de um tom inteiro. Os outros dois signos requerem um detalhamento maior para serem compreendidos.

Em alto e bom som

Se, na escrita de uma melodia, uma nota for alterada dentro daquele mesmo compasso, caso a nota venha a se repetir, ela sempre soará alterada. No compasso seguinte, a alteração deixa de valer e ela torna a ter sua altura natural. Uma das decorrências dessa situação é que, mesmo sabendo que, ao repetir a nota alterada dentro do mesmo compasso, a alteração se mantém, o compositor ou arranjador, por algum motivo, pode querer alertar esse evento ao intérprete. Assim, ele fará uso de **acidentes de prevenção**, que nada mais são que o ato de escrever o acidente dentro de parênteses, alertando para sua ocorrência. Na Figura 2.23 constam os exemplos do sustenido e do bemol, mas a prevenção pode ser aplicada a qualquer acidente. Outra decorrência é que, logo depois de aparecer a nota alterada, no compasso seguinte, pode-se querer escrever a nota natural.

Nesse caso, é prudente aplicar um bequadro de prevenção, entre parênteses, no compasso seguinte ao que se aplicou alguma alteração.

Figura 2.24 – Acidentes de prevenção

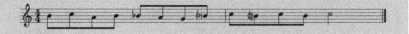

2.5.2 Alterações de duração

A complexidade rítmica que a música alcançou exige mais do que a combinação das figuras apresentadas na Seção 2.3. Por isso, e certas vezes até por uma questão de estilo de escrita, outros signos são utilizados.

Mostramos anteriormente que a organização da escrita musical passava pela representação dos valores rítmicos agrupados em unidades de tempo. Com as informações que elencamos até aqui, isso é relativamente simples para figuras iguais ou menores que a unidade de tempo. Também já explicamos como representar durações múltiplas de dois tempos, utilizando a **mínima** e a **semibreve**. No entanto, quando a nota musical tem duração de três tempos, é necessário lançar mão de uma alteração que, neste caso, pode ser feita de duas maneiras.

A primeira maneira possível consiste em unir uma mínima a uma semínima por meio de um elemento chamado **ligadura**.

Figura 2.24 – Ligadura

Em alto e bom som

A **ligadura** é um arco ligando a cabeça de duas notas que faz suas durações se somarem. Se as notas tiverem suas hastes voltadas para cima, o arco estará posicionado abaixo do conjunto; caso contrário, estará acima.

Uma ligadura sempre unirá duas notas; entretanto, em algumas situações, podem ser necessárias diversas ligaduras sucessivas. Nesse caso, a duração resultante será igual à soma das durações de todas as notas envolvidas.

Se as notas ligadas contarem com algum acidente, o sinal de alteração da altura será posicionado somente ao lado da primeira, sendo indiferente o fato de estarem ou não no mesmo compasso.

Figura 2.25 – Acidentes e ligaduras

Voltemos à situação anterior, na qual era necessário representar na partitura a duração de três tempos. Há uma segunda possibilidade: a utilização de um **ponto de aumento**.

Figura 2.26 – Ponto de aumento

Em alto e bom som

O **ponto de aumento** será sempre grafado ao lado direito da cabeça da nota. Sua função é aumentar a duração da nota em metade de seu próprio valor. No caso da Figura 2.25, temos uma mínima, que equivale a dois tempos, considerando-se a unidade de tempo igual à semínima. Metade de sua duração equivale a um tempo, e a mínima pontuada representada nesse exemplo totaliza três tempos. Uma semínima pontuada seria equivalente a uma semínima ligada a uma colcheia e teria um tempo e meio de duração.

Mais de um ponto de aumento pode ser utilizado para alterar a duração de uma nota. O segundo ponto aumenta em mais metade da duração que o primeiro adicionou à nota original. Em outras palavras, se aplicarmos dois pontos de aumento a uma mínima, o primeiro ponto acrescentará uma semínima, enquanto o segundo adicionará uma colcheia à nota original, e sua duração será alterada de dois tempos para três tempos e meio.

 Se ligue na batida

Aparentemente, ligaduras e pontos de aumento têm mesma função. Na prática, você vai passar por situações que apresentarão a solução ideal com apenas uma das duas opções.

Essas duas alterações de duração, por si sós, já são significativas para o aumento da complexidade rítmica da música. Contudo, há ainda mais uma alteração que promove novas possibilidades ainda mais ricas: a **quiáltera**.

Quando estabelecemos na música que o compasso terá um certo número tempos, definimos também quantas figuras de tempo cabem em cada espaço. Em duas unidades de tempo, por exemplo, cabem duas semínimas. As quiálteras são uma possibilidade de quebrar essa lógica. Com o auxílio delas, podemos escrever três semínimas em um espaço em que caberiam apenas duas.

Figura 2.27 – Quiáltera aumentativa

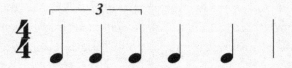

 Em alto e bom som

A **quiáltera** é representada por um colchete horizontal que envolve as hastes das notas em questão. No centro da linha horizontal do colchete, escreve-se o número de notas inseridas atipicamente. Há autores que representam a quiáltera substituindo o colchete por um arco.

A alteração apresentada na Figura 2.27 é uma **quiáltera aumentativa** pois resulta em um número maior de figuras do mesmo valor das que caberiam naquele espaço. No caso, foram inseridas três semínimas onde caberiam duas. Esse tipo específico de quiáltera é bastante utilizado e tem nome próprio: **tercina**.

Outro tipo consagrado de quiáltera é a **dulcina**, ilustrada na figura a seguir.

Figura 2.28 – Quiáltera diminutiva

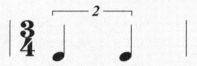

Nesse exemplo, foram inseridas duas semínimas em um espaço no qual caberiam três. Nesse caso, como diminui a quantidade de notas que caberiam naquele espaço, chamamos a alteração de **quiáltera diminutiva**. A alteração do exemplo também pode ser chamada de **duína**.

 Se ligue na batida

As quiálteras também podem ser **regulares**, se todos os valores rítmicos forem iguais, como nos exemplos apresentados nas Figuras 2.27 e 2.28, ou **irregulares**, se houver valores diferentes em sua composição.

Perceber e conceber quiálteras demanda bastante prática de leitura e escrita musical. A percepção que temos ao ouvir uma quiáltera aumentativa é de aceleração no andamento da música, sensação oposta à da diminutiva, que causa a impressão de que a música desacelera.

Apesar de os exemplos retratarem tercinas e duínas, as quiálteras podem ser as mais variadas possíveis.

Resumo da ópera

Iniciamos este capítulo com a apresentação do espaço em que se materializa a notação musical: o pentagrama. Em suas cinco linhas horizontais e nos espaços entre elas, representam-se as notas musicais. Caso elas sejam insuficientes, podem-se utilizar pequenos segmentos de linha, acima ou abaixo do pentagrama, chamados *linhas suplementares superiores* e *inferiores*.

Também demonstramos que a representação da cabeça das notas na pauta não equivale a um círculo, mas a uma elipse, que deve estar centralizada na linha ou no espaço que ocupar.

Na sequência, explicamos que a localização de alturas num pentagrama exige a utilização de uma clave – as de Sol, Fá e Dó são as principais e indicam a posição das respectivas notas. Além disso, mostramos que é possível alterar a oitava das claves, bem como mudar de clave durante a música.

Em seguida, apresentamos os principais valores rítmicos e as respectivas representações – semibreve, mínima, semínima, colcheia e semicolcheia – e demonstramos como se ligam os colchetes das notas pertencentes a uma mesma unidade de tempo.

Esclarecemos a origem do nome das notas da escala de Dó Maior e explicamos que, em termos de altura, a distância entre suas notas não é igual. Com o auxílio do teclado do piano, mostramos as importantes noções de tom e semitom.

Sobre a representação de alturas e durações, vimos que podem ser alteradas. As alturas ficam um semitom mais agudas aplicando-se o acidente chamado *sustenido* e mais graves aplicando-se o denominado *bemol*. As durações podem ser alteradas basicamente por pontos de aumento, ligaduras e quiálteras.

Teste de som

1. É possível representar a escala maior pelas distâncias entre suas notas. Considerando-se tom (T) e semitom (S), qual sequência representa uma escala maior?
   a) T, S, T, T, S, T, T.
   b) T, T, S, T, T, T, S.
   c) T, T, S, T, T, S, T.
   d) T, S, T, S, T, T, T.
   e) T, T, T, S, T, T, S.

2. Analise as notas a seguir e assinale a alternativa que indique a sequência correta:

   Figura 2A

   a) Dó, Sol, Dó, Lá, Sol, Mi.
   b) Sol, Fá, Dó, Lá, Fá, Ré.
   c) Lá, Fá, Dó, Si, Sol, Mi.
   d) Sol, Fá, Dó, Si, Sol, Mi.
   e) Lá, Fá, Dó, Lá, Fá, Ré.

3. Considerando os acidentes, analise as notas a seguir e assinale a alternativa que indique a sequência correta:

Figura 2B

a) Sol#, Sib, Réb, Mib, Dó#, Solb.
b) Sol#, Sib, Mib, Mi#, Dó#, Láb.
c) Sol#, Sib, Mib, Mi, Dó#, Solb.
d) Sol#, Láb, Mib, Mi#, Dó#, Láb.
e) Sol#, Sib, Mib, Ré, Dó#, Solb.

4. Das alternativas a seguir, quais representam duração de três tempos corretamente?

Figura 2C

a) 2, 4 e 7.
b) 3, 6 e 7.
c) 1, 3 e 6.
d) 1, 5 e 6.
e) 2, 4 e 6.

5. Geralmente, cada grupo de duas notas sucessivas de uma escala tem um tom (T) ou um semitom (S) de distância. Que sequência representa corretamente essas distâncias?

Figura 2D

a) S, S, S, T, S, S.
b) T, S, S, T, S, S.
c) T, T, S, T, T, T.
d) T, S, T, T, S, T.
e) T, S, S, S, T, S.

 Treinando o repertório

Pensando na letra

1. Antes de ler este capítulo, talvez você conhecesse apenas sete notas musicais: Dó, Ré, Mi, Fá, Sol, Lá, Si. Com o uso dos acidentes, quantas notas você conhece agora?

2. Quais são as consequências imagináveis de aplicarmos algum acidente à escala de Dó Maior?

Som na caixa

1. Caso disponha de um instrumento, toque as notas da escala de Dó Maior. Em seguida, altere apenas uma nota e sinta a sonoridade. Repita o processo alterando uma nota diferente. Realize esse procedimento sete vezes, uma para cada nota alterada, e avalie qual dessas alterações resultou em uma sonoridade mais familiar ao seu ouvido.

Capítulo 3

AMPLIANDO O "ALFABETO" MUSICAL

Com o domínio dos conteúdos que apresentamos até aqui, já é possível fazer o registro de muitas melodias conhecidas. No entanto, para poder escrever uma partitura com todos os elementos e informações necessários para o intérprete compreender a ideia musical, é preciso avançar e explorar novos conceitos, além de conhecer novos signos, conteúdos de que trataremos com mais profundidade neste capítulo.

Demonstraremos como devem ser realizadas a organização e a representação dos acidentes recorrentes em uma partitura. Para dar vida à música, uma das providências é indicar as nuances de intensidade, bem como sugerir a maneira como o intérprete pode tocar ou cantar sua linha melódica, indicando variações de expressão no instrumento ou na voz. Em seguida, veremos que é necessário planejar a partitura de maneira clara, adotando-se signos que vão permitir ao intérprete a leitura musical com fluência.

Nesse sentido, ampliar o alfabeto musical significa apreender signos e conceitos que conferem à leitura e à escrita musical uma gama maior de opções para tornar a representação da música mais completa e eficiente.

3.1 Escala maior

De certa maneira, a escala maior é um conceito que você já viu no capítulo anterior; só vamos dar nome a ele. Vimos que, no teclado do piano (Figura 2.18), as teclas brancas fazem soar as notas Dó, Ré, Mi, Fá, Sol, Lá e Si. O fato novo é que essa sequência de notas será chamada, a partir deste ponto do texto, de **escala de Dó Maior**.

Também explicamos que essa escala é constituída por uma sucessão de tons e semitons, que podemos representar tal como mostrado na Figura 3.1.

Figura 3.1 – Relação de tons e semitons da escala de Dó Maior

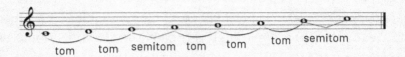

 Em alto e bom som

A **escala de Dó Maior** pode ser considerada um marco teórico na música. Com base nela se desenvolvem diversos aspectos teóricos. Ela nos fornece a regra de formação de qualquer escala maior, que consiste justamente na sequência: tom, tom, semitom, tom, tom, tom, semitom. É possível também representá-la abreviadamente por **TTSTTTS**. As escalas que obedecem a essa sequência de tons e semitons também são chamadas de **diatônicas**.

A seguir, veremos como obter a escala de Ré Maior.

Figura 3.2 – Notas da escala de Ré sem correção

Podemos entender a **escala de Ré Maior** como uma escala iniciada na nota Ré, que segue a regra de formação das escalas maiores: TTSTTTS. Assim, a escala da Figura 3.2 pressupõe outra regra de formação e, portanto, não é uma escala maior. Para que ela assim se torne, fazem-se necessárias algumas correções.

Figura 3.3 – Escala de Ré Maior corrigida

Observe, na Figura 3.2, que, entre o segundo e o terceiro graus (cada um dos termos, ou cada uma das notas, em ordem crescente de altura na escala), há a distância de semitom onde deveria ser tom. Para que essa distância seja corrigida, é acrescentado um sustenido à nota Fá, terceiro grau da escala (Figura 3.3). Assim, a distância entre o terceiro e o quarto graus, que era de tom, com a correção, passou a ser de semitom. O mesmo procedimento é aplicado entre o sexto e o sétimo graus, obtendo-se o Dó Sustenido. Essa alteração também resolveu a última distância, que era de um tom e passou a ser de um semitom.

Esse foi um exemplo de ajuste da escala maior por meio da inserção de sustenidos. Em alguns casos, a solução consiste na utilização de bemóis, como consta na Figura 3.4.

Figura 3.4 – Escala de Fá Maior

Para obter essa escala maior iniciada na nota Fá, faz-se necessária a alteração no quarto grau. Se o Si não fosse bemol, as distâncias entre o terceiro e o quarto graus e entre o quarto e o quinto graus não obedeceriam ao padrão TTSTTTS das escalas maiores.

Por meio desse processo, podemos obter escalas maiores começando de qualquer nota. Na música, temos 7 notas sem alteração, correspondentes às teclas brancas do piano, mais 5 notas correspondentes às teclas pretas. Porém, essas notas podem assumir o papel de sustenidos ou bemóis, dando origem a 10 possibilidades de notas intermediárias. Portanto, há 17 possibilidades de escalas maiores: Dó Maior, Dó# Maior, Ré♭ Maior, Ré Maior, e assim por diante.

Hora do ensaio

A melhor forma de fixar esse conceito consiste em **escrever as notas**. É um trabalho intenso, mas que vai lhe render importantes ganhos. Além da escrita das escalas, é importante que você ouça a sonoridade das notas, tocando-as em seu instrumento. Saber onde as notas de cada escala se localizam em seu instrumento vai lhe trazer maior facilidade no processo de leitura musical.

No exercício de obter todas as 17 escalas maiores, você vai se deparar com fatos novos. Por exemplo: ao escrever a escala de Dó# Maior, você vai encontrar as notas Mi Sustenido e Si Sustenido. No sistema musical com o qual estamos lidando, essas notas soam como Fá e Dó, respectivamente. Entretanto, teoricamente, elas não podem se chamar *Fá* e *Dó*, porque, nessa escala em questão, essas notas já existem e são sustenidas. Por isso, o correto de fato é chamá-las de *Mi Sustenido* e *Si Sustenido*.

Por essa razão, na música, é comum haver notas com nomes diferentes e sons iguais. Essa situação é chamada de **enarmonia**, e as notas com as quais ocorrem esse fenômeno são chamadas de **enarmônicas**.

Em alto e bom som

Para encerrarmos este assunto, agora que você já sabe montar escalas maiores, fica mais simples entender a definição. **Escala maior** é uma combinação de 7 notas sucessivas escolhidas entre um total de 12 sons possíveis, cujas distâncias entre alturas segue a ordem TTSTTTS.

3.2 Armadura de clave

Ao escolhermos uma escala para desenvolvermos uma música, estamos escolhendo também uma **tonalidade**, ou um **tom**, para ela. Isso quer dizer que a música é construída basicamente por 7 notas musicais selecionadas entre os 12 sons possíveis. Dessa forma, durante a maior parte da música, às vezes em sua totalidade, toda nota que for alterada na escala assim o será também na partitura. Para evitar o excesso de informação gerado pelo fato de sempre ter de escrever os acidentes, criou-se a **armadura de clave**.

Em alto e bom som

A **armadura de clave** é, então, uma convenção no início da pauta que indica quais notas serão alteradas de forma recorrente. Utilizando-se esse recurso, as escalas que vimos como exemplos na seção anterior ficariam tal como indicado na Figura 3.5.

Figura 3.5 – Escalas de Ré e Fá Maior com armaduras de clave

As armaduras de clave são um recurso importante para se manter a clareza na partitura. No entanto, para que elas realmente funcionem e se possa fazer valer todo o seu potencial, é preciso entender suas regras de formação. Para isso, existe o ciclo das quintas.

3.2.1 Ciclo das quintas

O também chamado **círculo das quintas** é um gráfico obtido por meio de importantes constatações teóricas e que facilita, entre outras atividades, a formação de escalas e armaduras de clave.

 Se ligue na batida

Antes de explorarmos o gráfico, há um conceito que precisa ser trabalhado. O termo **quinta** vem de um estudo chamado **intervalos**, objeto do Capítulo 4. Aqui faremos apenas uma breve e superficial antecipação. Há um intervalo na música denominado **quinta justa**. Ele corresponde à distância entre o primeiro e o quinto graus da escala maior. Em outras palavras, a quinta justa de Dó Maior é a nota Sol, seu quinto grau. Para obter a quinta de uma escala, é preciso construí-la na pauta, pois a nota pode estar alterada. Outra forma de obter a quinta é saber que a distância entre essa nota e a nota que dá nome à escala é de três tons e um semitom. Dependendo do instrumento e de seu conhecimento sobre a posição das notas nele, você pode localizar a quinta sabendo qual é essa distância. Vistos esses detalhes, podemos, enfim, analisar o ciclo das quintas.

Figura 3.6 – Ciclo das quintas

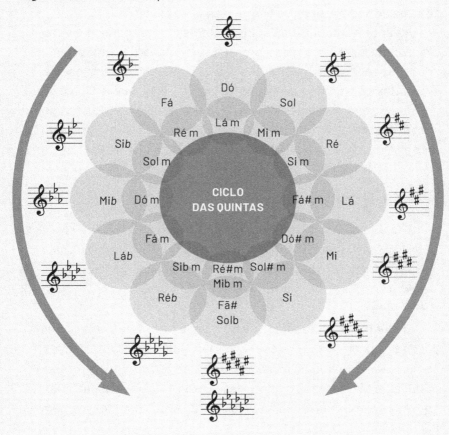

Esse gráfico apresenta uma ampla carga de informações teóricas. É preciso iniciar sua leitura da parte central superior, onde se encontra a nota Dó. Acima dela está representada uma pequena seção do pentagrama com uma clave de Sol. Essa é, na verdade, a representação da armadura de clave da tonalidade de Dó Maior. Como sabemos, essa escala não apresenta acidentes, portanto a armadura de clave está vazia.

Prosseguindo-se em sentido horário, a próxima tonalidade é Sol. Como vimos, a nota Sol é a quinta da escala de Dó Maior. Em Sol Maior, temos uma alteração: o Fá Sustenido. Na representação da armadura de clave aparece essa alteração.

Adiante, saltamos uma quinta para Ré, depois para Lá e para Mi. A cada salto, acrescentamos um sustenido à nova tonalidade. Repare que essa alteração se dá no sétimo grau da escala, ou podemos pensar que ele ocorre um semitom abaixo da nota que dá nome ao tom. Em Ré Maior, a nova alteração é o Dó Sustenido, um semitom abaixo de Ré. Em Lá Maior, aparece o Sol Sustenido, em Mi Maior, o Ré Sustenido, e assim sucessivamente.

Se ligue na batida

Você também pode observar que, até a escala de Mi Maior, é possível simplesmente contar até cinco para determinar a quinta da escala. A partir de Si Maior, é necessário redobrar o cuidado, pois as quintas justas começam a aparecer alteradas.

O Fá# Maior, enarmônico de Solb, está no extremo inferior do ciclo das quintas. Com exceção do Dó# Maior, que conta com as sete notas sustenidas, essas são as tonalidades com a maior quantidade de acidentes. É o ponto de inflexão do círculo, a partir do qual os ajustes nas notas musicais serão feitos por meio de bemóis.

Se ligue na batida

O aparecimento de bemóis conforme seguimos o fluxo horário atende pouco às finalidades do ciclo das quintas. Portanto, recomendamos a leitura da parte esquerda do ciclo das quintas a partir de Dó natural seguindo o sentido anti-horário. Assim, não mais teremos saltos de quinta, mas de quartas, ou seja, dois tons e meio. O quarto grau da escala de Dó Maior é a nota Fá, portanto a próxima tonalidade é Fá Maior. Coincidentemente, a alteração aparecerá no quarto grau da nova tonalidade. Então, ao mesmo tempo que a nota alterada é definida, encontramos também a nova tonalidade. Essa lógica prossegue até encontrarmos o Solb, na extremidade inferior do círculo.

Além das informações sobre tonalidades maiores, transpassando-se cada círculo maior, há um círculo menor indicando uma tonalidade menor equivalente. Elas são as tonalidades **relativas menores**, obtidas a partir do sexto grau da tonalidade menor. Esse assunto será aprofundado no Capítulo 4.

3.2.2 Construção das armaduras de clave

Algo importante a ser observado nas armaduras de clave é a ordem em que se escrevem as alterações. Tal como foi apresentado no ciclo das quintas, para as armaduras formadas por sustenidos, os acidentes são acrescidos na ordem estabelecida pelo sentido horário a partir do Dó. Quando passamos de Sol Maior para Ré Maior, por exemplo, mantemos o Fá Sustenido e acrescentamos o Dó Sustenido. Ao mudarmos para a próxima tonalidade, o Lá Maior, mantemos as notas alteradas da tonalidade anterior e acrescentamos o Sol Sustenido, e assim sucessivamente, até a tonalidade de Dó# Maior, que apresenta sete sustenidos.

Da mesma maneira acontece para as armaduras compostas de bemóis, a partir do Dó: em sentido anti-horário, os acidentes vão se acumulando a cada tonalidade que avançamos no ciclo das quintas.

Assim, as armaduras de clave de todas as tonalidades maiores ficam tal como indica a Figura 3.7.

Figura 3.7 – Armaduras de clave das tonalidades maiores

Observe que o sustenido mais alto em relação à pauta é Sol, que aparece pela primeira vez em Lá Maior. Na próxima tonalidade, é acrescido o Ré Sustenido e, depois dela, o Lá Sustenido. Repare que, se fôssemos seguir o mesmo padrão ascendente de disposição dos primeiros sustenidos, esse acidente necessitaria de uma linha suplementar. Para evitar esse problema, convencionou-se quebrar a ordem ascendente de até então para que todos os acidentes caibam dentro da pauta. Já nas armaduras compostas por bemóis, a tendência descendente do início não gera o mesmo tipo de problema.

Saber de cor todas elas é uma meta a ser considerada. No entanto, antes disso, é mais fácil sempre relembrar o ciclo das quintas e a sequência em que os acidentes vão surgindo, tonalidade por tonalidade. Além disso, há formas simples e objetivas para determinar uma tonalidade a partir da armadura de clave, como veremos a seguir.

3.2.3 Determinação da tonalidade a partir da armadura de clave

Com base na observação do ciclo das quintas, podemos tirar conclusões que auxiliam na determinação de tonalidades.

No caso das armaduras formadas por sustenidos, já observamos que, ao alcançarmos uma nova tonalidade no ciclo das quintas, a alteração surge em seu sétimo grau, ou seja, um semitom abaixo da nota que dá nome à tonalidade. Portanto, em Lá Maior, por exemplo, a alteração que surge é o Sol Sustenido. Na nova armadura de clave, ele é acrescentado à direita dos outros acidentes herdados das tonalidades anteriores.

Figura 3.8 – Armaduras de clave de Lá Maior

Sabendo-se disso, para determinar a tonalidade de uma música cuja armadura de clave seja constituída de sustenidos, basta olhar para o acidente mais à direita do grupo e acrescentar um semitom.

Hora do ensaio

Para determinar a tonalidade de uma armadura de clave formada por bemóis, também há uma dica simples. Porém, primeiro você tem de decorar a armadura de clave com apenas um bemol, correspondente à escala de Fá Maior. Lembre-se de que partimos do Dó e seguimos em saltos de quartas justas, ou dois tons e um semitom, em sentido anti-horário. Observe que esse acidente que aparece em Fá Maior é o Si Bemol. A próxima tonalidade do ciclo é o Sib Maior, que leva exatamente o mesmo nome da nota alterada da tonalidade anterior. Dessa maneira, ao olhar para o penúltimo acidente acrescentado na armadura de clave, você encontra exatamente a tonalidade correspondente.

Figura 3.9 – Fragmento do ciclo das quintas

Essas dicas vão agilizar seu processo de reconhecimento das tonalidades no início, mas, quanto mais tempo você dedicar para ler e escrever música, maior será sua velocidade na identificação de tonalidades, até se tornar praticamente instantânea.

 Se ligue na batida

Precisamos ressaltar que a armadura de clave não é um acordo imutável dentro de uma música. Pode haver diversas mudanças ao longo de uma partitura musical. Nesse caso, a representação é a que você pode ver a seguir.

Figura 3.10 – Mudança de armadura de clave

Para efetuar a mudança, basta fazer uma barra dupla antes do compasso em que se inicia a alteração e adicionar os bequadros para anular os acidentes, acrescentando-se, em seguida, as novas alterações. Os bequadros, caso necessários, devem vir sempre antes dos sustenidos e dos bemóis que permaneceram na armadura.

Destacamos ainda que tratamos apenas de **tonalidades maiores**. Pode ser que a armadura de clave esteja representando a tonalidade relativa menor da identificada. Esse conteúdo será abordado no Capítulo 4.

3.3 Fórmulas de compasso

No Capítulo 1, já conceituamos **compasso** como o agrupamento mínimo padrão de unidades de tempo de determinada música. O elemento que define a unidade de tempo e sua quantidade por compasso é a **fórmula de compasso**.

A fórmula de compasso é escrita no início da partitura e depois da armadura de clave. É composta por dois números alinhados e escritos um sobre o outro, como indica a figura a seguir.

Figura 3.11 – Representação da fórmula de compasso

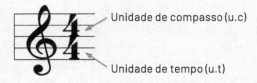

O número na parte inferior representa a unidade de tempo, cujo conceito já discutimos no Capítulo 1. No Capítulo 2, na Figura 2.18, consta uma tabela na qual uma das colunas apresenta esse número correspondente a cada figura de tempo. Vamos recapitular a parte pertinente para este capítulo.

Figura 3.12 – Quadro das unidades de tempo

𝅝	Semibreve	1
𝅗𝅥	Mínima	2
♩	Semínima	4
♪	Colcheia	8
𝅘𝅥𝅯	Semicolcheia	16

Observando esse quadro, você pode ver que cada figura de duração tem um número equivalente. Esse é o número que a define como unidade de tempo na fórmula de compasso. As mais utilizadas são a **mínima**, a **semínima** e **colcheia**, ou seja, os números **2**, **4** e **8**, respectivamente. A semibreve e a semicolcheia aparecem raramente nas armaduras de clave.

A **unidade de compasso**, representada pelo número de cima da fórmula de compasso, indica a quantidade de unidades de tempo necessárias para preencher um compasso inteiro. O exemplo da Figura 3.11 indica que a unidade de tempo é a semínima e que em um compasso cabem quatro dessas figuras, ou unidades de tempo.

O Quadro 3.1 apresenta algumas das fórmulas de compasso mais utilizadas na música.

Quadro 3.1 – Fórmulas de compasso mais utilizadas

Fórmula de compasso	Descrição
$\frac{4}{4}$	Quatro por quatro. A unidade de tempo é a semínima e a unidade de compasso é 4. Também pode ser representada pela letra **C**.
$\frac{3}{4}$	Três por quatro. A unidade de tempo é a semínima e a unidade de compasso é 3.
$\frac{2}{4}$	Dois por quatro. A unidade de tempo é a semínima e a unidade de compasso é 2.
¢	Dois por dois. A unidade de tempo é a mínima e a unidade de compasso é 2.

- A fórmula de compasso quatro por quatro é também chamada de **compasso quaternário** e é bastante usada em diversos gêneros musicais, como o *rock* e o *pop*. É tão difundida que serve de base para a nomenclatura das durações na língua inglesa. A semibreve, por exemplo, é chamada de *whole*, que significa "inteiro", justamente por preencher sozinha um compasso de quatro por quatro inteiramente.

- O três por quatro também pode ser chamado de compasso **ternário** e é conhecido por ser a fórmula de compasso das valsas. Contudo, há diversas músicas populares, como a **guarânia** e o **chamamé**, que são construídas igualmente em compasso ternário.

- O dois por quatro, ou compasso **binário**, é conhecido no Brasil pelo seu uso no samba e no choro, mas algumas músicas europeias, como a **polca**, também apresentam essa fórmula de compasso.
- O dois por dois também é binário, mas o percebemos como um **binário mais lento**. É a fórmula de compasso de músicas como a **toada**. Em geral, não é tão óbvia a diferença entre dois por dois e dois por quatro. É somente com muita experiência em leitura e escrita musical que essa diferenciação se torna uma tarefa natural. A dificuldade, aliás, vai além dessa distinção, sendo comum compositores e arranjadores menos experientes se confundirem até entre compassos quaternários e binários.

Só as melhores

Ouça exemplos dos gêneros musicais citados e seus respectivos compassos em:

PETRY, R. **Ritmo Guarania 95 bpm**. Disponível em: <https://www.youtube.com/watch?v=C-t_ZPpEZsY>. Acesso em: 28 abr. 2020.

INSTRUMENTAL SESC BRASIL. **Renato Borghetti**: Merceditas (R. Sisto Rios) – Instrumental Sesc Brasil. Disponível em: <https://www.youtube.com/watch?v=GKmZcGuIW2g>. Acesso em: 28 abr. 2020.

Podemos afirmar que as fórmulas de compasso vistas até aqui apresentam subdivisão binária do tempo, uma vez que suas unidades de tempo podem ser subdivididas em frações múltiplas de dois, ou seja, metade, um quarto, um oitavo e assim por diante.

Se ligue na batida

Também é importante destacarmos que as unidades de tempo coincidem com o pulso. Nas fórmulas com unidade de tempo igual a 4, os pulsos percebidos coincidem com as semínimas. Nas fórmulas com unidade de tempo igual a 2, os pulsos coincidem com as mínimas. Por essa razão, são classificadas como **fórmulas de compasso simples**.

Quando ocorre o contrário, isto é, quando a unidade de tempo não coincide com o pulso, temos as **fórmulas de compasso composto**. Esse tipo de compasso tem mais uma característica marcante: a subdivisão do pulso é ternária. Vejamos a seguir os principais tipos.

Figura 3.13 – Compassos compostos

Geralmente, a unidade de tempo é a colcheia, e o pulso é percebido como uma semínima pontuada – resultante da soma de três colcheias. Dos três exemplos apresentados, o mais conhecido é o **doze por oito**. A **balada americana** é um dos estilos musicais mais representativos dessa fórmula de compasso.

Só as melhores

PEDER, B. H. **O Holy Night**: Instrumental Christmas Music – Christmas Song. 11 nov. 2015. Disponível em: <https://www.youtube.com/watch?v=tamy_K2jmW0>. Acesso em: 28 abr. 2020.

Há ainda um outro tipo de fórmula de compasso que ocorre, em geral, quando a unidade de compasso é igual ou superior a cinco. Nesses casos, é possível perceber que, em vez de sentirmos compassos com muitos pulsos, sentimos que há uma alternância entre alguns compassos mais curtos, como o binário e o ternário. A eles damos o nome de **compassos alternados**. Veja o exemplo a seguir.

Figura 3.14 – Compassos alternados

A figura mostra um compasso sete por quatro, comum, por exemplo, na música grega. Se o músico pensar em agrupar os tempos de sete em sete, tornará a leitura muito difícil. Os sinais de "maior que" (>) embaixo de algumas notas indicam acentuação, ou seja, aquelas notas soam mais forte. No exemplo, são acentuados o primeiro, o quarto e o sexto tempos. Como é natural percebermos o primeiro tempo de cada compasso como o mais forte, poderíamos reescrever a fórmula de compasso como a soma de um compasso ternário e dois binários. A contagem dos tempos seria feita da seguinte forma: 1,2,3,1,2,1,2.

Só as melhores

Ouça um exemplo de compasso alternado no vídeo a seguir (a partir dos 25 segundos).

NA-NU. **Bayaka**: Música dos Povos 2. 22 mar. 2018. Disponível em: <https://www.youtube.com/watch?v=HzY46DO547k>. Acesso em: 28 abr. 2020.

Hora do ensaio

A música *Take Five*, do saxofonista e compositor norte-americano Paul Desmond, é outro bom exemplo de compasso alternado. Procure ouvi-la e descobrir como o compasso de cinco por quatro foi dividido.

DAVE Brubeck: Take Five. Disponível em: <https://www.youtube.com/watch?v=vmDDOFXSgAs>. Acesso em: 28 abr. 2020.

3.4 Dinâmica e articulação

No Capítulo 1, ao abordarmos a história da notação musical, comentamos que durante o romantismo os compositores levaram o uso da dinâmica a patamares jamais vistos até então. Nessa fase, os sinais de dinâmica ganharam maior destaque e tiveram sua variedade estendida. Os estudantes e praticantes de música se beneficiaram desse advento, pois essa riqueza de nuances entre sons fortes e fracos trouxe às composições novas possibilidades.

Além da intensidade sonora, os compositores, em dado momento, começaram a se preocupar com outras qualidades sonoras dos instrumentos. Assim, foram criando diversos sinais de expressão que, em conjunto com os de dinâmica, atuam em prol da riqueza musical.

3.4.1 Variações de dinâmica

As melodias, por si sós, já contam com uma variação entre sons fortes e fracos, a qual chamamos de **dinâmica natural**. No entanto, há casos em que o compositor deseja enfatizar algum aspecto dela ou mesmo contrariá-la, lançando mão de signos que configuram uma **dinâmica artificial**.

Os signos mais básicos de dinâmica consistem em letras minúsculas, em itálico, escritas na parte inferior da pauta. As mais recorrentes são as apresentadas a seguir.

Figura 3.15 – Sinais básicos de dinâmica

fff	Molto fortíssimo/fortissíssimo
ff	Fortíssimo
f	Forte
mf	Mezzo forte
mp	Mezzo piano
p	Piano
pp	Painíssimo
ppp	Molto piano/pianíssimo

http://www.typemymusic.com//CC BY 4.0

As letras são as iniciais de palavras em italiano. *Piano* quer dizer "fraco", e *forte* é um cognato. *Mezzo* significa "meio", mas podemos entender como "quase". Assim, **mp** pode ser interpretado como "quase fraco", e **mf** como "quase forte". Essa graduação apresta três níveis de *forte* e três de *piano*, mas há compositores que extrapolam esses limites tanto superiores como inferiores.

Há ainda a possibilidade de acrescentar outras palavras, também em italiano, para refinar as instruções. Por exemplo: *molto f* quer dizer "muito forte", **p** *subito* indica que a música deve ficar fraca subitamente, *più f* significa "mais forte", entre outros casos.

Se ligue na batida

O fato de haver uma graduação na notação musical que representa apenas oito possibilidades de intensidade e algumas variações não significa que o intérprete musical precise reproduzir com exatidão os níveis sonoros. É muito mais intuitivo do que parece: um determinado trecho musical a ser cantado *piano* por um coral, por exemplo, terá um nível sonoro diferente em cada execução. Essas orientações de dinâmica existem muito mais como uma referência para o intérprete aplicar suas infinitas possibilidades de intensidade sonora.

Além dessas variações pontuais de dinâmica, é possível representar na partitura variações graduais.

Figura 3.16 – Exemplo de variação gradual de dinâmica

No exemplo da figura, temos uma frase musical de três compassos. Na parte inferior da pauta, encontramos as indicações pontuais de dinâmica. Na parte superior, um sinal gráfico, popularmente chamado de *garfo*, indica variação gradual de dinâmica.

O primeiro garfo sinaliza que a intensidade cresce, sendo chamado de *crescendo*. O segundo garfo indica uma variação decrescente de dinâmica, sendo por isso denominado *decrescendo* ou *diminuendo*. Ambos os sinais podem ser trocados, respectivamente, pelas palavras *crescendo* e *decrescendo* ou *diminuendo*, ou, ainda, por suas abreviações: *cresc. e decresc. ou dim.*

3.4.2 Indicações de expressão

Podemos separar as indicações de expressão em duas categorias: uma que consiste em uma **indicação subjetiva e geral** sobre como interpretar a obra e a outra que é uma **instrução objetiva** sobre como tocar uma nota musical específica.

A primeira categoria diz respeito a uma série de expressões que muitas vezes guardavam significado objetivo no momento histórico em que surgiram. Expressões como *amabile*, *burlesco*, *capriccioso*, *dolce*, *grandioso*, *lacrimoso*, entre outras, são uma tentativa do compositor de passar uma espécie de espírito da música. Na prática, hoje se pode colocar no início da partitura qualquer expressão que contribua para a execução da peça. Portanto, essas expressões não serão objeto de nosso estudo. Se você pretende desenvolver um estilo de escrita mais ortodoxo, aprender esses termos pode ser útil.

Vamos, então, à segunda categoria, que pode ser entendida também como instruções que mexem com a dinâmica e com a duração de cada nota em particular. Vejamos a seguir alguns sinais relevantes.

Figura 3.17 – Sinais de expressão

O sinal em forma de "V" com o nome de *marcato* indica que a nota deve ser tocada vigorosamente e depois atenuada. Tem relação com a energia com a qual se produz o som.

O sinal de *acento*, representado por uma figura similar ao "maior que" da matemática, indica que, dentro de um contexto melódico, a nota deve se destacar por soar mais forte que as outras.

O *tenuto*, representado por um pequeno traço horizontal logo acima da cabeça da nota, requer que a nota tenha uma intensidade constante. Sons musicais têm um *decrescendo* natural que, na acústica, é chamado de *decaimento*. O *tenuto* pede que o músico evite esse decaimento natural.

Staccato significa "destacado, separado". Ao utilizar essa expressão, espera-se que o intérprete encurte a duração da nota, separando-a da nota seguinte. O contrário de *staccato* é *legato*, que significa "ligado" e também é um recurso expressivo.

O termo *sforzato* quer dizer "reforçado" e sinaliza que a nota deve ser atacada com muita força.

A indicação *forte-piano* aponta que o som deve ser produzido com força, mas logo em seguida passar subitamente a *piano*. É uma dinâmica de nota que não pode ser produzida por alguns instrumentos em virtude do *piano subito*. Os instrumentos da família dos violinos, os de sopro e a voz humana conseguem executar essa dinâmica perfeitamente e produzem um efeito muito interessante.

Por fim, o *trinado* é obtido pela alternância rápida entre a nota representada na pauta e uma de suas vizinhas. O *trinado* acaba fazendo parte também de uma categoria expressiva que chamamos de **ornamentos**.

Ao contrário das indicações de expressão que interferem no som das notas isoladamente, os ornamentos atuam no conjunto de notas que tece melodias. A seguir, apresentamos alguns exemplos.

Figura 3.18 – Exemplos de ornamentos

- O ornamento n. 1 é a **apojatura**, que é representada por uma nota musical de tamanho menor que a nota da melodia. O valor da apojatura é variável; ela tem a simples função de preceder a nota principal e pode fazer isso aproximando-se por tom ou semitom.

- O ornamento n. 2 também é uma apojatura, porém é composta por duas notas, sendo chamada de **apojatura sucessiva**.
- O sinal que aparece no n. 3 é o **mordente**. Ele é composto por duas notas que antecedem a nota alvo. A primeira nota do mordente é igual à nota alvo, e a segunda é um grau acima ou um grau abaixo. A nota do primeiro tempo tem um mordente superior, no qual a segunda nota está um grau acima da nota alvo. Já no terceiro tempo há o símbolo do mordente inferior, cuja segunda nota está um grau abaixo da nota principal.
- O n. 4 mostra como esses mordentes devem soar.
- No n. 5 há um **grupeto**, que pode ser definido como um conjunto de três ou quatro notas sucessivas que precedem a nota principal. As notas devem ser graus conjuntos, ou seja, não deve haver saltos, e devem estar próximas à principal.
- O n. 6 mostra como esse grupeto deve soar. O ornamento representado nesse exemplo é um **grupeto inferior**, pois a sequência de notas começa abaixo da nota principal. Quando a sequência inicia acima da nota principal, trata-se de um **grupeto superior**, que é representado pela mesma figura, porém espelhada.
- O exemplo n. 7 mostra um ornamento chamado **glissando**. Eventualmente, a linha ondulada pode ser substituída pela abreviação (*gliss.*) ou simplesmente por uma linha reta unindo as cabeças das duas notas. Esse efeito consiste em ir de uma nota para outra, deslizando-se pelas notas intermediárias.

Cada instrumento tem possibilidades diferentes com relação ao glissando. O violino, quando tem a possibilidade de fazê-lo entre duas notas pertencentes à mesma corda, passa por todas as frequências entre elas, resultando assim num **glissando microtonal**. Instrumentos como o violão, que contam com trastes (elementos, geralmente metálicos, que dividem o braço de alguns instrumentos e criam uma escala cromática, ou seja, uma escala composta toda por semitons, de modo a contemplar todos os doze sons da música ocidental), só são capazes de caminhar entre as notas por semitons. Por essa razão, o efeito produzido por eles é o **glissando cromático**. Entretanto, se você estiver tocando piano, uma música em Dó Maior, e fizer um glissando somente com as teclas brancas, ele será um **glissando diatônico**, pois foram utilizadas apenas notas da escala. Os instrumentos de sopro também podem fazer glissando usando apenas a série harmônica, a qual vamos abordar no próximo capítulo.

- Por fim, o ornamento n. 8 é chamado de **portamento**. Consiste em uma antecipação da nota alvo. Sua representação é similar à da apojatura, porém entre a nota de partida e o ornamento há uma **ligadura de expressão**, cuja função é indicar o *legato* entre as duas notas. Além disso, a nota antecipada será sempre igual à nota alvo, diferente da apojatura.

Esses são alguns tipos de recursos de dinâmica e expressão. Não são todos, mas são o bastante para sua escrita musical se aproximar da interpretação. É possível que, durante suas práticas musicais, outros sinais apareçam. Será uma oportunidade de aprofundar o conhecimento teórico.

Hora do ensaio

Por ora, tente cantar ou reproduzir em seu instrumento as expressões e os ornamentos vistos até aqui.

3.5 Sinais de repetição e otimização da partitura

A rigor, não há regras para compor uma música no século XXI. Basta juntar elementos sonoros e organizá-los conforme sua compreensão sobre o que é música. No entanto, essa compreensão passa pela nossa memória musical. Tudo o que ouvimos nos serve como referência. Nossa concepção sobre música resulta da somatória de todas as músicas que ouvimos.

Se ligue na batida

Pensando nisso, podemos analisar alguns elementos mais comuns nas músicas que conhecemos. É claro que isso varia de pessoa para pessoa, mas vamos considerar aqui aquelas músicas que as pessoas em geral ouvem. São muitos os elementos a serem destacados, porém, nesta seção, desejamos destacar um: a **repetição**. Raramente uma música vai do início ao fim sem repetir uma parte sequer. A repetição colabora para que a obra seja compreendida e apreendida. Além disso, é um elemento que auxilia no estabelecimento da unidade temática da peça.

Entretanto, escrever o mesmo trecho musical diversas vezes numa partitura significa desperdício de tempo e papel, além de gerar, em alguns casos, um número descabido de folhas para os intérpretes. Para minimizarem esses danos, os compositores vêm criando uma série de signos indicativos de retornos e saltos, possibilitando assim a otimização da partitura. Apresentar alguns desses sinais é nosso objetivo agora.

Iniciemos pelo mais simples: o sinal de repetição.

Figura 3.19 – Ritornelo

O **ritornelo** é composto de dois pontos, uma barra de compasso de espessura normal e outra grossa. Quando seus três elementos estão dispostos nessa ordem, da esquerda para a direita, ele indica uma repetição simples. Se somente esse sinal aparecer primeiro na partitura, a instrução é voltar para o início. Contudo, se o compositor ou arranjador desejar repetir um trecho intermediário da música, ele terá de indicar o início dele por meio de ritornelo espelhado, ou seja, barra grossa, barra fina e dois pontos. Ao atingir o ritornelo em posição original, volta-se ao ritornelo espelhado.

 Só as melhores

Ouça um exemplo de ritornelo no seguinte vídeo:

BACH: Minuet in G Major – BWV Anh 114, Piano. Disponível em: <https://www.youtube.com/watch?v=p1gGxpitLO8>. Acesso em: 28 abr. 2020.

As repetições integrais são comuns na música, mas também é recorrente que o final das frases, ou de trechos musicais mais longos, tenha terminações diferentes. Para esse caso, a solução é o uso de **casas de finalização**.

Figura 3.20 – Casas de finalização

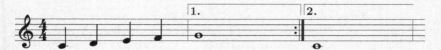

Nesse exemplo, temos as casas 1 e 2. Na casa 1, a melodia termina na nota Sol e, na casa 2, termina em Dó. Ao tocar essa melodia, o intérprete lê os compassos 1 e 2. Ao chegar ao ritornelo, volta para o início e lê os compassos 1 e 3, pulando o segundo compasso. Ao atingir o terceiro compasso, na casa 2, a leitura segue adiante normalmente.

Muitas vezes, saltos maiores na partitura são necessários. Nesses casos, um dos recursos disponíveis é marcar um ponto de retorno. Isso é feito através do **sinal**, ou *signal*.

Figura 3.21 – Sinal

Mais adiante, veremos como se instrui o retorno ao sinal.

Algumas músicas seguem até o final da partitura, voltam para o começo ou até o final e, em algum momento, saltam para alguns compassos exclusivos para finalização, ou seja, que ainda não tinham sido lidos. Esses compassos finais são chamados de **coda**.

Figura 3.22 – Coda

 Em alto e bom som

A palavra *coda* vem de *cauda* e lembra isso mesmo: um elemento adicional, de certa forma apartado do corpo da música.

O início da coda é representado por um zero cortado por uma cruz, e a instrução para o salto mais comum é uma mistura de inglês com italiano: **to Coda**. Porém, se for o caso, pode-se empregar a forma **al Coda**.

É recomendável, como apresentado na Figura 3.22, utilizar barra dupla de compasso no início da coda e no final do compasso em que haverá o salto.

Com ou sem coda, a partitura chega ao fim. E há duas formas de indicá-lo.

Figura 3.23 – Fim de partitura

A primeira forma de indicar o fim da música é por meio da composição entre uma barra de compasso de espessura normal e outra mais grossa, como na situação da esquerda da Figura 3.23. Esse signo funciona quando a música termina no último compasso da partitura.

Em alguns casos, o final da música se encontra no interior da partitura. A música pode ir até o último compasso escrito, em que deve haver uma instrução para voltar para o começo ou para um sinal. Dali ela segue e termina em uma seção diferente do último compasso escrito. Para esses casos, deve-se indicar o final da música com a palavra **Fine**.

O próximo sinal não é imprescindível, mas pode ser de suma importância para facilitar o trabalho de músicos e maestros.

Figura 3.24 – Letras de ensaio

Em alto e bom som

As **letras de ensaio** são letras do alfabeto, maiúsculas, dentro de uma caixa. Também podem ser números dentro de círculos. Sua função é fracionar a música em várias seções que possam ser ensaiadas separadamente. Isso facilita o ensaio, pois muitas vezes o grupo musical não precisa repetir toda a música no ensaio, mas apenas determinadas seções com maior grau de dificuldade.

Recomenda-se o uso de barras duplas de compasso para tornar mais claras as divisões das seções.

O uso da numeração dos compassos no início de cada pentagrama também facilita a localização de determinados trechos musicais. Essa numeração é colocada logo no início de cada pauta em números de tamanho pequeno.

Por fim, há outras instruções importantes referentes a salto que se utilizam da língua italiana.

Figura 3.25 – Outras instruções

| D.C. al Fine | D.S. al Fine |
| D.C. al Coda | D.S. al Coda |

Em alto e bom som

D.C. al Fine é a forma abreviada de *da Capo al Fine*, que significa "da cabeça ao fim". *Cabeça* indica o início da partitura e, assim, a expressão instrui o intérprete a voltar para o início da partitura e parar quando encontrar o sinal **Fine**.

De forma semelhante, a instrução **D.C. al Coda** informa que o intérprete deve voltar para o início e seguir até a instrução *to Coda*, que o mandará ir para a coda.

D.S. al Fine e **D.S. al Coda** são semelhantes, porém a instrução orienta que se volte ao *signal*, e não ao início.

Esses sinais indicativos de saltos são importantes para organizar a partitura. É necessário entender bem sua aplicação para que eles realmente resultem em facilidade, não em complicação.

Resumo da ópera

Neste capítulo, nosso objetivo foi ampliar o rol da simbologia musical e apresentar conceitos que permitam o aprimoramento da leitura e escrita musical.

O primeiro conceito foi o de escala como uma sucessão de sete notas dentro de uma oitava. Demonstramos que a conhecida escala maior é formada por uma sucessão de tons e semitons, dada pela sequência TTSTTTS. A partir dessa estrutura, é possível obter 17 escalas maiores. Nesse exercício, vimos que existem notas com nomes diferentes e altura igual – notas que chamamos de *enarmônicas*.

Em seguida, mostramos que os acidentes recorrentes de uma partitura podem ser representados uma vez só por meio das armaduras de clave. Explicamos como obtê-las com o auxílio do ciclo das quintas.

Também apresentamos as fórmulas de compasso como um modo de indicar as unidades de tempo e de compasso na música. Descrevemos os três tipos existentes: os compassos simples, em que o pulso e a unidade de tempo são coincidentes; os compassos compostos, em que o pulso e a unidade de tempo são divergentes; e os compassos alternados, que resultam da soma de compassos simples diferentes.

Vimos que a dinâmica da música pode ser alternada por variações pontuais, indicadas pelas iniciais de *piano* e *forte*, e por variações graduais, indicadas por meio dos garfos.

Introduzimos alguns sinais de expressão, como *tenuto*, *stacatto*, *legato*, *acento* e *sforzato*, juntamente com exemplos de ornamentos, como recursos de enriquecimento da interpretação musical.

Para finalizarmos o capítulo, elencamos sinais de otimização da partitura, que servem para indicar saltos, repetições, finalizações e até para facilitar a organização de ensaio. São elementos importantes para reduzir a quantidade de papel, que prejudica a *performance* musical.

Teste de som

1. Analise as sequências de notas a seguir:
   i)   Sol, Lá, Si, Dó, Ré, Mi, Fá#
   ii) Fá, Sol, Láb, Si, Dó, Ré, Mi
   iii) Mib, Fá, Sol, Láb, Sib, Dó, Ré
   iv) Si, Dó#, Ré#, Mi, Fá#, Sol#, Lá#

   Qual(is) dessas sequências **não** representa(m) uma escala maior?

   a) III e IV.
   b) I e III.
   c) I, II e IV.
   d) Somente II.
   e) Somente III.

2. As armaduras de clave a seguir representam quais tonalidades maiores?

   Figura 3A

   a) Sol, Fá, Ré, Mib, Láb, Mi.
   b) Sol, Fá, Lá, Mib, Láb, Fá#.
   c) Sol, Fá, Ré, Sib, Mib, Mi.

d) Sol, Fá, Mi, Si♭, Mi♭, Dó#.
e) Sol, Fá, Lá, Si♭, Mi♭, Fá#.

3. Se chamarmos de *tonalidades vizinhas* aquelas que têm um acidente a mais ou a menos que aquela de origem, quais são os tons vizinhos de Lá Maior?
   a) Sol Maior e Si Maior.
   b) Sol# Maior e Si♭ Maior.
   c) Mi Maior e Ré Maior.
   d) Lá Menor e Fá# Menor.
   e) Dó Maior e Fá Maior.

4. Você provavelmente conhece as músicas *Atirei o pau no gato, Parabéns a você, Noite feliz* e *Se esta rua fosse minha*. Os compassos dessas canções são:
   a) quaternário, quaternário, ternário e ternário, respectivamente.
   b) quaternário, ternário, ternário e quaternário, respectivamente.
   c) ternário, quaternário, ternário e ternário, respectivamente.
   d) todos ternários.
   e) todos quaternários.

5. No trecho musical a seguir, quantas vezes é tocada a nota Dó? Considere os sinais de retorno e saltos.

   Figura 3B

a) 11
b) 9
c) 8
d) 10
e) 7

 Treinando o repertório

Pensando na letra

1. Toque uma música que você domine em seu instrumento, primeiro com uma intensidade constante e depois adotando variações de dinâmica em pontos de sua escolha. Avalie os resultados.

2. Encontre, entre suas músicas favoritas, exemplos de compassos quaternários e ternários.

Som na caixa

1. Demonstramos que há 17 possibilidades de escalas maiores: Dó Maior, Dó# Maior, Réb Maior, Ré Maior, e assim por diante. Forme todas elas em seu caderno, dessa vez utilizando a armadura de clave.

2. Treine uma escala maior diferente de Dó no seu instrumento, por exemplo, Sol Maior. Toque essa escala para algumas pessoas com diferentes níveis de conhecimento musical, e pergunte a elas quais foram as notas que você tocou. Reflita sobre o resultado com seus pares.

Capítulo 4

COLHENDO NOTAS

A esta altura de nosso estudo de leitura e escrita musical (LEM), você já pode ter acumulado conhecimentos para ler e escrever uma grande variedade de partituras. Possivelmente, falta ainda a agilidade, que virá com a prática e também com o domínio de alguns conteúdos adicionais da teoria musical, objeto deste capítulo.

Trataremos primeiramente dos intervalos, tema que será importante para vários aspectos de sua vida musical, como o estudo de escalas, a formação de acordes e o desenvolvimento da percepção para transcrever melodias.

Em seguida, abordaremos modos e escalas, que são a matéria-prima para a criação de melodias. Se você dispuser da capacidade de identificar o modo ou a escala sobre a qual uma melodia é construída, o trabalho de transcrição, por exemplo, vai se tornar muito mais simples.

Por fim, veremos como os compositores pensam a construção melódica. Uma boa noção nesse quesito é um auxílio valoroso para quem escreve ou interpreta músicas.

Até o Capítulo 3, plantamos sementes e investimos tempo para possibilitar o domínio dos signos. Está na hora de "colhermos as notas", para que você possa entender como nossa sociedade as organizou historicamente até chegar ao modo de conceber a música que ouvimos.

4.1 Intervalos

Até este ponto do texto, quando mencionamos diferenças de altura entre notas, falamos em termos de tom e semitom, exceto quando abordamos o ciclo das quintas, no capítulo anterior.

Para avançar em alguns aspectos da teoria musical, foi necessário criar um novo sistema para medir diferenças de altura, um sistema que identificasse cada distância entre sons por um nome próprio, adotando-se a denominação de **intervalos**.

Podemos dividir seu estudo em três partes: **intervalos simples**, intervalos **compostos** e **inversão de intervalos**.

4.1.1 Intervalos simples

Intervalos simples são medidas de diferença de altura entre notas pertencentes à mesma oitava, ou seja, oito notas consecutivas. Vamos analisar esse sistema com base na escala de Dó Maior.

Figura 4.1 – Intervalos

A figura mostra todas as notas da escala de Dó Maior tomando-se como referência a nota inicial. Cada uma apresenta uma diferença de altura própria em um intervalo nominal para isso. O número que representa o intervalo é lido como número ordinal no feminino, ou seja, segunda, terça, quarta, quinta, sexta, sétima e oitava. A letra M, maiúscula, significa "maior". Assim, a distância entre Dó e Ré, identificada como 2M, é lida como "segunda maior". A letra J indica o tempo "justa", cujo significado será apresentado mais à frente. Desse modo, a representação 5J é lida como "quinta justa". Veja no próximo quadro o nome dos intervalos.

Quadro 4.1 – Intervalos simples

Intervalo	Leitura	Distância
2m	Segunda menor	1st
2M	Segunda maior	**1T**
3m	Terça menor	1T e 1st
3M	Terça maior	**2T**
4J	Quarta justa	**2T e 1st**
4aum 5dim	Quarta aumentada Quinta diminuta	3T (trítono)
5J	Quinta justa	**3T e 1st**
6m	Sexta menor	4T
6M	Sexta maior	**4T e 1st**
7m	Sétima menor	5T
7M	Sétima maior	**5T e 1st**
8J	Oitava justa	**6T**

Além dos intervalos da escala de Dó Maior, indicados nas linhas com preenchimento, o Quadro 4.1 mostra intervalos identificados com a letra "m", minúscula, que significa "menor". Apesar de não existirem na referida escala em relação à nota inicial, esses intervalos podem ser encontrados referenciando as notas umas às outras. A segunda menor pode ser encontrada entre Mi e Fá e entre Si e Dó. A terça menor está entre Mi e Sol e entre Lá e Dó. A sexta menor está entre o Lá e o Fá da próxima oitava. A sétima menor se encontra entre o Lá e o Sol também da próxima oitava.

A quarta aumentada (aum) e a quinta diminuta (dim) são intervalos enarmônicos. É possível encontrar a quarta aumentada entre as notas Fá e Si. Esse intervalo de três tons é conhecido como **trítono**, e sua história o levou do inferno ao céu. Até a Idade Média, era chamado de "som do diabo" e era proibido de ser tocado. No entanto, sua existência tornou-se imprescindível na música tonal – assunto que abordaremos a seguir.

Se ligue na batida

Os intervalos simples podem ser classificados de três maneiras. Eles podem ser **conjuntos**, caso sejam compostos por graus vizinhos de uma escala, ou **disjuntos**, caso representem saltos maiores. Se a nota mais grave vier primeiro, será um intervalo **ascendente**; do contrário, será **descendente**. Se as notas do intervalo soarem uma após a outra, esse intervalo será classificado como **melódico**; já se soarem simultaneamente, o intervalo será **harmônico**.

Precisamos alertar ainda que os intervalos do Quadro 4.1 não são os únicos possíveis. Por exemplo: não só quartas e quintas admitem os termos *aumentado* e *diminuto*. O intervalo entre as notas Dó e Ré# é maior que uma segunda maior e, portanto, pode ser chamado de *segunda aumentada*.

4.1.2 Intervalos compostos

Os intervalos que excedem o limite de uma oitava são chamados de *intervalos compostos*. Em suma, são intervalos simples acrescidos de uma oitava. Para obter o resultado, basta somar 7 ao numeral do intervalo simples correspondente. Vejamos alguns exemplos:

- 2M + 8J = 9M
- 4J + 8J = 11J
- 6M + 8J = 13M

Se ligue na batida

Pelo fato de servirem para medir distâncias entre notas maiores que uma oitava, os intervalos compostos são bastante úteis em harmonia para dar nomes a acordes com tensões, como nonas, décimas primeiras e décimas terceiras.

É possível encontrar na literatura alguns casos em que esses intervalos recebem nome diferentes – por exemplo, a nona seria *segunda composta*, a décima primeira seria *quarta composta*, e assim por diante.

4.1.3 Inversão de intervalos

O intervalo ascendente entre Dó e Mi, considerando-as notas sucessivas, sendo a primeira mais grave e a segunda dois tons acima, é uma 3M. Entretanto, se a posição das notas for invertida, por meio da troca do Dó por outro uma oitava acima, a distância entre as duas notas passará a ser de três tons e meio, e o nome do intervalo será 6m. Ao resultado dessa troca de posição entre as notas chamamos de **intervalo invertido**.

Em alto e bom som

A **inversão de intervalos** é um processo teórico que pode ajudar na prática musical e também na leitura e na escrita. Há situações em que é preciso encontrar uma nota que está uma 7M acima de outra. É mais simples pensar primeiro no intervalo invertido, 2m, e depois trocar a posição das notas acrescentando-se uma oitava à nota obtida por segunda menor. É o processo inverso daquele que é usado para definir o intervalo invertido.

O processo lógico para determinar o intervalo invertido é o descrito no primeiro parágrafo desta seção, porém há uma forma mais prática de encontrá-lo. O intervalo resultante terá como prefixo o que falta ao número inicial para completar 9. Em outras palavras, o que era 3 passa a ser 6, o que era 4 passa a ser 5, e assim por diante. Já o sufixo tem sua indicação invertida. O que era menor passa a ser maior, o que era diminuto passa a ser aumentado e vice-versa. Os intervalos justos, contudo, continuam sendo justos. Assim, vejamos alguns exemplos de intervalos invertidos:

- 3M → 6m (3 + 6 = 9)
- 4J → 5J (4 + 5 = 9)
- 2aum → 7dim (2 + 7 = 9)

 Se ligue na batida

É importante constatarmos aqui, tendo em vista o estudo de harmonia, que a inversão do intervalo de 4aum é a 5dim e que, como eles são enarmônicos, resultam na mesma sonoridade.

Estando claro agora o que são intervalos invertidos, e sabendo que a quarta justa é inversão da quinta justa, voltemos ao conteúdo do Capítulo 3, na seção relacionada o ciclo das quintas. Quando partimos de Dó Maior em sentido anti-horário, passamos a dar saltos de quarta, e não mais de quinta. Podemos afirmar, então, que os saltos permanecem de quinta, porém em sentido descendente, ou seja, se saltarmos uma quinta justa abaixo de Dó, chegaremos à nota Fá – mesmo resultado que alcançaríamos se tivéssemos feito um salto de quarta justa acima, mas em oitavas diferentes. Isso significa que, se você alguma vez pensou em chamar o ciclo das quintas de *ciclo das quartas e das quintas*, pode relaxar: o ciclo é de fato todo composto por quintas.

4.2 Modos litúrgicos

A escala de Dó Maior é composta por sete notas musicais. Explicamos nos capítulos anteriores que os nomes que conhecemos hoje começaram a surgir com Guido D'Arezzo e tiveram algumas alterações ao longo do tempo. Entretanto, esses sete sons musicais existem há muito mais tempo. **Modo**, em música, como sugere o nome, diz respeito à maneira como se organizam essas sete notas musicais. Os modos surgiram na Grécia Antiga e cada um deles era praticado em diferentes regiões do território grego. Por essa razão, seus nomes fazem alusão a elas.

Os modos gregos foram utilizados durante muitos anos na música da Igreja, em que passaram por diversas adaptações e mudanças. Por essa razão, as oito escalas resultantes levam o nome de *modos litúrgicos* ou *eclesiásticos*. Vejamos quais são eles na sequência.

Figura 4.2 – Modo jônio

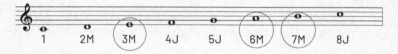

O **modo jônio** tem origem na região chamada Jônia e consiste na organização dos sons naturais que se consagrou ao longo dos anos como ponto de partida para diversos estudos em teoria musical. É a escala de Dó Maior. As relações intervalares que a caracterizam são a 3M e a 6M, que a definem como uma escala maior, além da 7M, chamada **sensível**, que é de suma importância para o desenvolvimento da harmonia tonal.

O próximo modo utiliza as mesmas notas, mas as organiza a partir da nota Ré. Novas relações intervalares surgem dessa dinâmica.

Figura 4.3 – Modo dórico

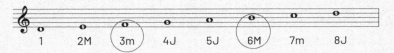

A característica marcante do **modo dórico**, originário da região chamada Dória, são o surgimento da 3m em contraposição à manutenção da 6M. A sensação causada é a de uma escala mista, em que a primeira metade, ou **tetracorde**, soa uma escala menor e o segundo tetracorde soa maior.

O próximo modo é proveniente da região da Frígia e se estabelece a partir da nota Mi.

Figura 4.4 – Modo frígio

O **modo frígio** tem muitas peculiaridades. É o primeiro a apresentar uma 2m. Ele se caracteriza também pela 3m e pela 6m, o que reforça seu caráter de escala menor. Finalizando com a 7m, todos os intervalos, exceto os justos, são menores.

Já o **modo lídio** apresenta apenas uma diferença intervalar em relação ao modo jônio, como demonstramos a seguir.

Figura 4.5 – Modo lídio

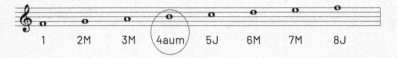

Esse modo, utilizado na região da Lídia, tem como característica principal o surgimento da 4aum. Por ser quase idêntico ao modo jônio, causa certa surpresa no ouvinte ao aparecer em um improviso, por exemplo. A música atual carece desse tipo de surpresa – por isso essa quarta aumentada é bastante utilizada em improvisos, sobretudo de *jazz*.

O modo a seguir não é relacionado a uma região específica da Grécia. Seu nome vem da fusão dos nomes *lídio* e *dórico*.

Figura 4.6 – Modo mixolídio

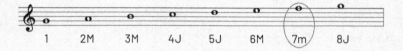

Observando bem a partitura, você pode entender de onde vem a denominação **modo mixolídio**. As três primeiras notas podem ser atribuídas ao modo lídio, e as cinco últimas, ao modo dórico. Essa é uma escala também bastante parecida com o modo jônio, ou modo maior, diferenciando-se unicamente pelo aparecimento da 7m. Será justamente esse aspecto que fará diferença quando tratarmos de música modal e música tonal. Esse modo é muito utilizado na música regional do Nordeste do Brasil, sendo *Baião*, de Luiz Gonzaga e Humberto Teixeira, o exemplo mais clássico.

Só as melhores

Ouça essa bela música no seguinte vídeo:

GONZAGA, L. **Baião**. Disponível em: <https://www.youtube.com/watch?v=mwFGvGMxotc>. Acesso em: 28 abr. 2020.

O **modo eólio** também é indispensável no estudo de harmonia, por isso vamos analisá-lo.

Figura 4.7 – Modo eólio

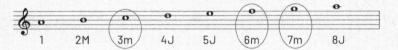

Vindo da Eólia, esse modo tem como características principais a 3m, a 6m e a 7m. É a chamada *escala relativa menor de Dó Maior*, que dá origem a outras escalas menores importantes para a harmonia.

Por último, citamos o modo construído a partir da nota Si, o **modo lócrio**.

Figura 4.8 – Modo lócrio

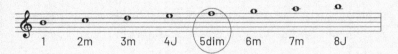

Esse modo é muito parecido com o modo frígio, mas, além dos mesmos quatro intervalos menores, apresenta a 5dim, que também gera um trítono com a nota de partida e, por essa razão, oferece novas alternativas melódicas e harmônicas.

Hora do ensaio

Copie os modos em seu caderno. Construa-os sob notas diferentes. Comece o dórico pelo Dó, por exemplo, mantendo as relações intervalares. Pratique em seu instrumento. Brinque, tente criar melodias. Pode ser até que você crie uma música.

4.3 Modal *versus* tonal

A complexidade do sistema musical da Grécia Antiga vai muito além do uso dos modos. Estes, aliás, apresentados na seção anterior, são resultantes de construções que perduraram por cerca de dois milênios entre a escola grega e sua aplicação na esfera religiosa. Durante todo esse tempo, o que prevaleceu na música foi o **modalismo**.

O período entre os séculos XVI e XVII, por sua vez, caracterizou-se como um período de transição entre o modalismo e o tonalismo:

> Os séculos XVI e XVII assistiriam a uma série de transformações harmônicas que ao fim e ao cabo resultariam na substituição dos 12 modos de Glareanus[1] pelo sistema maior-menor, e também na consolidação das cadências e encadeamentos de acordes baseados em funções harmônicas, que marcariam a música europeia a partir do século XVIII. (Ribeiro, 2014, p. 51)

Sabemos, no entanto, que o advento do tonalismo não determinou a extinção do modalismo; ele apenas o modificou. Por essa

---
1   Teórico do século XVI que incluiu no sistema modal, que, até então, tinha 10 modos, mais 2: o jônio e o eólio. O sistema passou a ter 12 modos, incluindo o sistema maior-menor.

razão, podemos classificar o modalismo em **arcaico**, ou **pré-tonal**, e **contemporâneo**.

4.3.1 Modalismo arcaico

O modalismo arcaico tem como característica a **monodia**, ou seja, a existência de uma única melodia. Na música ocidental, incluindo a música da Grécia Antiga, o modalismo arcaico pode ser encontrado no canto gregoriano, nas músicas populares medievais, no *blues* arcaico e em algumas práticas musicais em comunidades sem contato com a influência cultural de origem helênica.

Só as melhores

Ouça belos exemplos de canto gregoriano e *blues* arcaico nos vídeos a seguir.

KYRIE Eleison: Canto Gregoriano – Gregorian Chant. 18 maio 2014. Disponível em: <https://www.youtube.com/watch?v=Fs9fFIDGXoA>. Acesso em: 28 abr. 2020.

ROBERT Johnson: Me and the Devil Blues (Legendado) HD. Disponível em: <https://www.youtube.com/watch?v=rfgziBU1-bQ>. Acesso em: 28 abr. 2020.

Em alto e bom som

A característica desse sistema é que as melodias são construídas em função de um **centro modal**, que nada mais é que sua nota inicial. Ele funciona analogamente a um centro gravitacional. As melodias tendem sempre a voltar para ele, por isso a música soa como circular, sem muitas incursões para longe desse centro.

Com a adição de outras linhas melódicas ao cantochão, por volta do século X, começaram a surgir os primeiros cuidados harmônicos. É possível inferir que tal prática ajudou a conduzir a história da música para o caminho tonal.

Só as melhores

Veja um exemplo de cantochão no vídeo a seguir:

UNESCO EM ESPAÑOL. **El canto polifónico georgiano**. Disponível em: <https://www.youtube.com/watch?v=QINPwsIVHJM>. Acesso em: 28 abr. 2020.

Se ligue na batida

A ascensão do tonalismo no século XVII fez com que o modalismo fosse relegado a um papel coadjuvante na música. Entretanto, após dois séculos, a nova tendência parecia ter esgotado seu potencial e, como vimos no Capítulo 1, muitos compositores manifestaram seu desejo de inovação na própria música. Dentre os movimentos de vanguarda, surgiu um grupo de compositores que investiu no resgate da música modal.

Influenciados pela riqueza harmônica do tonalismo, esses compositores passaram a coligar princípios da harmonia tonal com o modalismo. Estabeleceu-se, então, a **harmonia modal**. Esse novo enfoque dos estudos harmônicos levou aos mesmos procedimentos aplicados às tonalidades maiores e menores para os modos litúrgicos. Dessa maneira, novas possibilidades de acordes surgiram num processo análogo ao que vamos estudar na próxima seção.

Mais tarde, músicos do *jazz* passaram a utilizar modos para compor suas melodias. Além disso, essa música se utiliza comumente de harmonia modal, além de também abrir a possibilidade de harmonizar uma melodia modal com acordes tonais. Outro recurso igualmente explorado no século XX foi o **polimodalismo**, que consiste na alternância de modos durante uma mesma melodia.

Essas práticas atribuídas ao *jazz* influenciaram diversos gêneros musicais ao redor do mundo. No Brasil, o caso mais significativo é o da **Bossa Nova**. O exemplo clássico dessa influência da música modal nesse estilo musical é a canção *Berimbau*, de Baden Powell e Vinicius de Moraes.

Só as melhores

BERIMBAU: Vinicius de Moraes. Disponível em: <https://www.youtube.com/watch?v=vSDyglDLVSA>. Acesso em: 28 abr. 2020.

Se ligue na batida

Convém ressaltarmos que a influência do modalismo na música brasileira não veio somente da América do Norte. O Brasil é um país formado por uma grande diversidade cultural. Uma parte se preserva e outra se funde, criando manifestações culturais próprias desta nação. O Nordeste é um grande caldeirão cultural onde se misturam essas influências, dando origem a diversos estilos musicais. O **baião** é um deles, e na base de sua construção melódica se encontra o modo mixolídio. Mais que isso, é possível encontrar no baião inclusive o polimodalismo.

Figura 4.9 – Excerto de *Baião*, de Luiz Gonzaga e Humberto Teixeira

Luiz Gonzaga é conhecido como uma espécie de estandarte da música regional nordestina. Mas nem sempre ele se vestiu como cangaceiro e como o "rei do baião". Gonzaga andou pelo Sudeste, como grande acordeonista que foi, tocando os mais variados estilos musicais. Por isso, pode-se afirmar que em suas influências havia algo além da música regional. No trecho inicial de *Baião*, transcrito na Figura 4.9, Gonzaga utiliza o modo mixolídio, a partir de Sol, que podemos chamar também de *Sol Mixolídio*. A presença da nota Fá natural é recorrente, enfatizando a característica fundamental do modo: a sétima menor numa escala maior. A última nota do trecho, alterada, coincidindo com a mudança de acorde, indica o que vai acontecer adiante: mudanças sucessivas de modo, que chamamos de *polimodalismo*.

Várias sessões de audição analítica, transcrição e prática musical vão possibilitar ao estudante de música distinguir entre música modal e música tonal. De todo modo, o primeiro passo deve ser investigar se a peça analisada é tonal, pois o tonalismo tem um elemento de simples detecção que faz toda a diferença: a **sensível**.

 Hora do ensaio

Antes de prosseguirmos, faça uma experiência. Cante a escala de Dó Maior, o modo jônio. É bem provável que você tenha cantado oito notas, de Dó a Dó. Isso é o que fazemos naturalmente.

Em seguida, cante a mesma escala, mas apenas até a nota Si. Parece que faltou algo, não é? Pois é justamente essa sensação que torna essa 7M tão importante. A sensível sofre uma força de atração que a conduz diretamente para a **tônica** (a nota que dá nome a determinada escala ou modo; por exemplo, a tônica de Dó Maior é a nota Dó). Na música tonal, sempre que a melodia ou a harmonia passam pela sensível, elas produzem um impulso de retorno à tônica, o que gera a sensação de movimento. Podemos afirmar que a música tonal percorre diversos caminhos em direção à tônica, enquanto a música modal orbita em torno dela. Devemos observar que essa imagem é apenas um recurso para compreender a diferença entre os dois sistemas. Vejamos como isso funciona no exemplo musical a seguir.

Se ligue na batida

Figura 4.10 – Excerto de *Lua branca*, de Chiquinha Gonzaga

A música *Lua branca* foi composta por Chiquinha Gonzaga para uma opereta de Teatro Mambembe chamada *Forrobodó*. Originalmente, o espetáculo apresentava texto e título diferentes dos que permaneceram. Chiquinha Gonzaga era compositora e pianista e, em sua formação musical, misturou conhecimentos vindos da música tocada nas salas de concerto e da música popular urbana. Pela armadura de clave, a tonalidade seria Fá Maior, mas, ao detectarmos que o trecho inicia e termina em Ré Menor (Dm), podemos levantar a suspeita de que essa é a tonalidade da música. Confirmamos essa tese ao encontrarmos no sexto e no oitavo compassos a nota Dó# atuando como sensível de Ré Menor. Essa breve análise é suficiente para concluirmos que essa música é tonal.

Só as melhores

"LUA branca" – Chiquinha Gonzaga. Piano: Marco Aurélio Xavier. 22 jun. 2018. Disponível em: <https://www.youtube.com/watch?v=vAXbg97wbu0>. Acesso em: 28 abr. 2020.

Simplificando, se a música apresenta sensível, ela provavelmente deve obedecer às funções harmônicas próprias do tonalismo e, portanto, será tonal. Se a sensível não aparecer na música, nem da melodia nem na harmonia, ela pode ser modal. Isso se deve ao fato de que nem tudo é modalismo ou tonalismo. Se a música não for tonal, ela pode, sim, ser modal, mas também pode ser atonal, politonal, microtonal, concreta, entre outras categorias musicais que você vai conhecer ao longo de seus estudos e, porventura, sua prática como musicista.

4.4 Escalas menor harmônica e menor melódica

Como vimos na seção anterior, o tonalismo começou a se desenvolver a partir da inserção dos modos jônio e eólio. O primeiro diz respeito ao que conhecemos como *escala maior natural*, e o segundo, construído a partir do sexto grau do jônio, é conhecido como *escala menor natural*.

Figura 4.11 – Escala menor natural

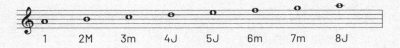

A escala menor natural, que, em algumas fontes, pode ser chamada de **primitiva** ou **arcaica**, apesar de contar rigorosamente com todas as notas iguais à maior, guarda uma relação intervalar completamente diversa, como já demonstramos na segunda seção deste capítulo.

Na ascensão do tonalismo, essa escala representava o modo maior, mas desde cedo apresentava um problema: a **ausência da sensível**. Essa limitação impedia que os caminhos harmônicos tonais se desenhassem em seu uso. Para que a harmonia tonal fosse realmente percebida no modo menor, a escala precisava de uma alteração em seu sétimo grau. Assim surgiu a **escala menor harmônica**.

Figura 4.12 – Escala menor harmônica

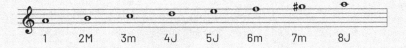

A alteração que se deu na escala foi o aumento na altura do sétimo grau em um semitom. Assim, no caso de Lá Menor, a sétima nota passou a ser o Sol#.

Além de permitir o uso tonal da escala menor, essa alteração fez com que surgisse um intervalo de segunda aumentada (2aum), ou uma distância de um tom e meio entre o sexto e o sétimo grau. Isso resulta numa sonoridade bem particular e que torna o uso dessa escala em melodias facilmente identificável.

Hora do ensaio

Toque a escala em seu instrumento. Sinta essa sonoridade e faça conexões com sua memória auditiva.

O terceiro tipo de escalas menores é a **escala menor melódica**.

Figura 4.13 – Escala menor melódica

Em alto e bom som

A **escala menor melódica** se caracteriza primeiramente por ter relações intervalares distintas entre suas formas ascendente e descendente. A descendente conta com os mesmos intervalos da escala menor natural, portanto não apresenta fatos novos. É na parte ascendente que residem suas características mais marcantes, por meio do aumento do sexto grau, gerando a chamada **sexta dórica**, e do sétimo grau, fazendo aparecer a **sensível**.

Se dividirmos a forma ascendente em dois grupos de quatro notas simultâneas, veremos que o primeiro tetracorde é exatamente igual ao da escala menor natural e, logo, é essa seção que define a escala como menor. Já o segundo tetracorde, do quinto ao oitavo graus, reproduz exatamente os intervalos da escala maior natural. Desse modo, podemos afirmar que a parte ascendente da escala menor melódica é híbrida entre a menor natural e a maior natural e, por isso, ela também pode ser chamada de **escala menor mista**.

Figura 4.14 – Forma ascendente

O motivo de essa escala ter formas ascendentes e descendentes diferenciadas deve se relacionar ao fato de ela ter um tetracorde do modo maior no final da subida. Caso a descida ocorresse da mesma forma, o tetracorde maior iria reincidir, podendo causar a sensação de ter migrado para o modo maior.

Esse tipo de escala com formas ascendentes e descendentes diferentes pode ser classificado como **escala composta**, em oposição à **escala simples**, que apresenta subida e descida com a mesma forma.

O compositor alemão Johann Sebastian Bach utilizou em algumas de suas músicas a forma descendente da escala menor melódica igual à forma ascendente. Nesse caso, podemos chamá-la de **escala bachiana** ou **clássica** (um exemplo disso é a *Fuga em Sol Menor, BWV 578*, disponível em: <https://www.youtube.com/watch?v=Y76uH2xu670>).

Se ligue na batida

As escalas menores harmônica e melódica requerem alterações em relação à escala menor natural. Essas alterações não são registradas na armadura de clave. Para identificar qual dessas escalas está sendo utilizada, é preciso analisar os acidentes que aparecem ao longo da melodia, a exemplo do que foi feito na seção anterior com a música de Chiquinha Gonzaga.

Tal como observamos em relação a todo o conteúdo apresentado neste livro, as escalas menores precisam de treino para serem bem compreendidas. O primeiro treino será de escrita. Apontaremos a seguir duas formas para obter os três tipos de escalas de Dó Menor.

Hora do ensaio

Figura 4.15 – Formação de escalas menores 1

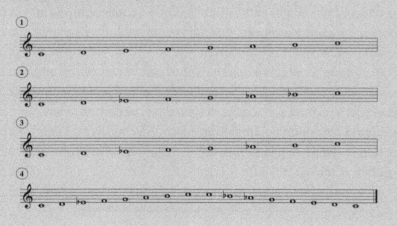

1. O primeiro passo é reservar um pentagrama, que podemos chamar também de *linha*, escrever a clave de Sol e desenhar semibreves em cada uma das notas naturais, ou seja, sem acidentes.

2. Com o passo 1, você obteve a escala de Dó Maior. Para transformá-la em Dó Menor, é preciso ajustar as relações intervalares com a tônica, colocando-se acidentes onde for pertinente. Nesse caso, são obtidas as notas Mi*b*, Lá*b* e Si*b* e, consequentemente, a escala de Dó Menor natural.

3. Para obter a escala de Dó Menor harmônica, você deve transformar o sétimo grau em sensível, aumentando sua altura em um semitom. Nessa situação, basta retirar o acidente do sétimo grau.

4. Para a escala de Dó Menor melódica, é preciso reduzir o espaçamento entre as semibreves para que caibam as 16 notas. Na parte ascendente, basta a alteração no primeiro tetracorde, já que o segundo vem do modo maior. Na parte descendente, você deve acrescentar os acidentes necessários no sexto e no sétimo graus. Repare que, na descida, o acidente não aparece na nota Mi, mas ele está ali. Acontece que, na edição dessa partitura, todas as notas foram escritas dentro de um mesmo compasso, por isso não se repetiu o acidente da nota recorrente. A propósito, você saberia determinar a fórmula desse compasso?

A outra maneira de determinar as escalas menores é com a utilização de armaduras de clave.

Figura 4.16 – Formação de escalas menores 2

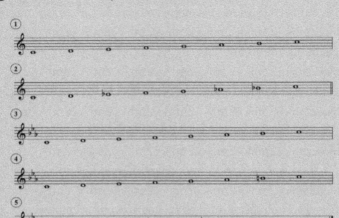

Os passos 1 e 2 são exatamente iguais aos descritos anteriormente. Seguem os próximos:

3. Depois determinar os acidentes necessários, escreva, em uma nova linha, a armadura de clave e reescreva a escala de Dó Menor natural sem acidentes ao lado das notas.
4. Modifique o sétimo grau para que ele se torne a sensível. Como a alteração está na armadura de clave, você tem de lançar mão de um bequadro para anulá-la. Desse modo, é obtida a escala de Dó Menor harmônica.
5. Para chegar à escala menor melódica, você deve alterar o segundo tetracorde da parte ascendente. Nesse caso, como o sexto e o sétimo graus estão alterados na armadura de clave, basta utilizar o bequadro para aumentar sua altura em um semitom. Na descida, é preciso recolocar essas alterações.

Para cada tonalidade à qual forem aplicados esses passos, haverá situações novas e particulares. Em alguns casos, na escala menor melódica, poderão aparecer dobrados sustenidos. Não se apavore. Será melhor conhecê-los em um exercício do que em sua prática musical. A propósito, cada escala que você escrever no papel, como sempre, merece ser executada em seu instrumento.

4.5 Aspectos da construção melódica

Há um entendimento de que algumas estruturas da linguagem serviram de princípios para se conceberem melodias. Longe de ser um consenso, de fato há elementos com nomenclaturas em comum, como frases e períodos, perguntas e respostas, presentes nos dois sistemas. Entretanto, a criação de melodias, salvo casos específicos, não pode ser considerada simplesmente uma manifestação mimética da linguagem. Há diversos elementos musicais que se repetem, se sucedem e interagem, proporcionando, assim, um "discurso" musical coeso.

A ideia de incluir este conteúdo numa publicação sobre leitura e escrita musical (LEM) é que ele possa ajudar na compreensão melódica e, consequentemente, contribua para processos de transcrição, criação e interpretação de melodias.

No Capítulo 1, já afirmamos que a melodia é a alma da música. Há quem acredite que é necessário contar com uma genialidade inata para criar melodias. No entanto, o que demonstraremos neste ponto do texto é que há muito mais que inspiração nesse processo de criação.

Sempre que mencionamos o assunto *escalas*, ressaltamos sua importância para a construção de melodias. De fato, elas se constituem em ricos materiais para essa finalidade, mas a questão agora é encontrar formas de usá-las. Um certo empirismo é bem-vindo. Muitas vezes, podemos encontrar uma melodia exercitando ou improvisando com uma escala. Porém, se analisarmos o material composicional a que temos acesso, perceberemos que a música tem muitos elementos comuns constituintes das melodias. Veremos alguns deles a seguir, de forma introdutória, iniciando pelo menor: o **motivo**.

4.5.1 Motivo

Para definirmos o motivo, vamos recorrer a duas publicações consagradas no meio musical: o *Dicionário Grove de música*, de Stanley Sadie, e *Fundamentos da composição musical*, de Arnold Schoenberg. Vamos começar pela última:

> O motivo geralmente aparece de uma maneira marcante e característica ao início de uma peça. Os fatores constitutivos de um motivo são intervalares e rítmicos, combinados de modo a produzir um contorno que possui, normalmente, uma harmonia inerente. Visto que quase todas as figuras de uma peça revelam algum tipo de afinidade para com ele, o motivo básico é frequentemente considerado o "germe" da ideia: se ele inclui elementos, em última análise, de todas as figuras musicais subsequentes, poderíamos, então, considerá-lo como o "mínimo múltiplo comum". (Schoenberg, 1996, p. 35)

O compositor alemão Arnold Schoenberg, cuja produção no campo da teoria musical é tão relevante quanto a composicional, apresenta uma ideia de motivo totalmente ligada a aspectos intervalares e rítmicos. Os termos *germe* e *mínimo múltiplo comum* ilustram bem o papel dele na música.

A visão expressa no *Dicionário Grove* pode ser caracterizada complementar à de Schoenberg: "Ideia musical curta, podendo ser melódica, harmônica ou rítmica, ou as três simultaneamente. Independente se seu tamanho, é geralmente encarado como a menor subdivisão com identidade própria de um tema ou frase" (Sadie, 1994, p. 624).

Se ligue na batida

Com essa definição, é possível imaginar que existam motivos de vários tipos: melódicos, harmônicos, rítmicos, rítmico-melódicos, rítmico-harmônicos, e assim por diante. Contudo, o mais comum é nos referirmos a eles apenas como *motivos*, ou como *motivos melódicos*, para aqueles constituídos de fatores rítmicos e melódicos, e *motivos rítmicos*, para os que são providos apenas fatores rítmicos.

Para que você entenda melhor o conceito, nada melhor do que ver um exemplo clássico do uso de motivos, que apresentamos a seguir.

Figura 4.17 – Excerto da Quinta Sinfonia de Beethoven

Só as melhores

Ouça um excerto da Quinta Sinfonia de Beethoven no vídeo a seguir:

BEETHOVEN: Quinta Sinfonia – I movimento (score). Disponível em: <https://www.youtube.com/watch?v=2L6MZFX2mFc>. Acesso em: 28 abr. 2020.

A Figura 4.17 corresponde à partitura da seção de cordas do início da Quinta Sinfonia de Beethoven. Nas primeiras quatro notas da música, já é apresentado o motivo.

Figura 4.18 - Motivo da Quinta Sinfonia de Beethoven

Observe que o motivo é composto por três colcheias consecutivas na nota Sol, seguidas por salto de 3M descendente, atingindo uma mínima na nota Mi*b*. A riqueza da música não está na repetição de todo o padrão, mas em sua essência: três colcheias, terça descendente, mínima. Voltemos à Figura 4.17 para analisarmos como o motivo vai se estabelecendo como "germe" da música.

1. Esta é apresentação do motivo e ela se dá em uníssono, isto é, todos os instrumentos entoam as mesmas notas, embora em oitavas diferentes.
2. Na segunda vez que aparece o motivo, há uma **transposição diatônica**, ou seja, todas as notas desceram um grau dentro da tonalidade. Isso faz com que o salto descendente seja

de 3m$_4$ e não mais de 3M. Em todo caso, prevalece ainda a terça diatônica.

3. O violino II retoma o motivo em sua altura original, dando início a uma série de imitações rítmicas pelos outros instrumentos que podemos chamar, por ora, de *fugueta* – um segmento musical com base no estilo denominado *fuga* fundamentado na repetição de elementos melódicos entre os diversos instrumentos).

4. A viola repete o motivo, agora um tom acima e com um compasso de defasagem. Nesse caso, a terça passa a ser menor também.

5. O violino I, com um compasso de defasagem para a viola e dois para o violino II, entoa o motivo, porém este agora se encontra uma 6m acima do original. O intervalo descendente também é de 3m.

Repare que, nesse trecho da fugueta, o motivo percorre as vozes e a nota final é sustentada. Como os motivos foram transpostos, a nota final em cada voz é diferente, formando assim o primeiro acorde da música.

4.5.2 Frases

Se os motivos fossem análogos às palavras, precisaríamos de um conjunto deles para formarmos frases. Assim como na linguagem, a música também pode ter frases com poucas ou muitas palavras.

Em alto e bom som

Nas palavras de Schoenberg (1996, p. 29), o "termo *frase* significa, do ponto de vista da estrutura, uma unidade aproximada àquilo que se pode cantar em um só fôlego. Seu final sugere uma forma de pontuação, tal como uma vírgula. Alguns elementos frequentemente aparecem mais de uma vez no âmbito de uma frase".

Em certa medida, essa definição não deixa claro o tamanho de uma frase. Isso talvez se deva ao fato de realmente não haver um tamanho-padrão para uma frase musical. Podemos ter certeza apenas de que ela é maior que o motivo, pelo simples fato de ser constituída por ele. Aliás, é ao motivo que Schoenberg se refere ao mencionar os elementos que se repetem. Quanto à sugestão de pontuação, ela pode ser uma analogia eficiente para entender onde a frase termina.

Vejamos em um exemplo como as frases podem ser formadas na música.

Figura 4.19 – Frases musicais em *Samba ô lê lê*

Apesar de podermos considerar que essa música conta com um total de oito frases, na verdade ela tem apenas quatro que se repetem. Podemos afirmar que o motivo dela é o conjunto composto pela sequência de semicolcheia-colcheia-semicolcheia. Na música brasileira, ele é chamado de **síncope característica** e serve como base para muitos de nossos estilos musicais. Note que esse motivo se repete duas vezes nas frases 1 e 2, uma vez na frase 3 e três vezes na frase 4.

É possível perceber que a frase 2 é uma transposição de uma segunda diatônica abaixo da frase 1. Também podemos considerar a frase 4 como uma variação da frase 1, pois elas têm o primeiro compasso exatamente igual.

Nessa breve análise, podemos concluir que a manipulação motívica e fraseológica é a responsável pela manutenção da unidade musical.

4.5.3 Variações motívicas

Nos exemplos das seções anteriores, demonstramos como a simples transposição diatônica pode oferecer diversidade melódica mantendo a coerência do texto musical. A transposição é apenas uma das formas possíveis de variação. Vamos apresentar outras possibilidades neste ponto do texto.

- **Mudança na duração de notas**: valores rítmicos podem ser diminuídos ou aumentados. Para manter-se fiel à unidade motívica em uma música, é preciso ter cuidado para não perder a percepção rítmica do motivo.
- **Repetição de notas**: consiste em trocar uma nota por uma sucessão de notas repetidas mais curtas.

- **Deslocamento rítmico**: um pouco diferente da mudança na duração de notas, ele é obtido pelo deslocamento do motivo integralmente, sem mudar os valores rítmicos. Essa técnica resulta em mudança do acento do motivo.
- **Prolongamento de notas**: é o aumento da duração das notas, mais comum na nota final do motivo, como vimos na Quinta Sinfonia de Beethoven.
- **Adição de notas**: podem ser adicionadas novas notas ao motivo para aumentar a variedade. É possível também obter novas notas pela inversão dos sentidos dos intervalos, ou seja, o que era ascendente se torna descendente, e vice-versa. Você encontrará um exemplo na seção "Teste de som" deste capítulo.
- **Transposição**: consiste em aumentar ou diminuir a altura de todas as notas ao mesmo tempo. Essa transposição pode ser diatônica, quando dentro da escala, ou cromática, preservando integralmente as relações intervalares.

Essas opções de variações motívicas estão exemplificadas a seguir.

Figura 4.20 – Exemplos de variações motívicas

Cabe advertir que essas não são as únicas possibilidades de variação motívica. No entanto, com essas técnicas, as possibilidades de criação e percepção de melodias já se ampliam bastante.

Hora do ensaio

Para encerrar o capítulo, tente identificar a melodia a seguir. Depois, identifique o motivo e as variações que foram aplicadas a ele.

Figura 4.21 – Melodia para fixar o conteúdo sobre motivos

Resumo da ópera

Até este ponto do texto, vínhamos medindo as distâncias entre as alturas sonoras com tons e semitons. Neste capítulo, passamos a medi-las pelo sistema de intervalos. Como vimos, os intervalos denominados *simples* são aqueles dentro de uma oitava, e os que excedem essa extensão são chamados de *compostos*. Mostramos que, para obtê-los, basta adicionar o número 7 ao intervalo simples correspondente. Examinamos também as inversões de intervalos, definidas como o intervalo que falta para alcançar a oitava justa a partir do intervalo original.

Na sequência, analisamos os modos litúrgicos, sua composição intervalar e as principais características de cada um deles. A partir disso, discutimos as diferenças entre o modalismo e o tonalismo, concluindo que um não sepultou o outro e ambos podem coexistir.

Em seguida, descrevemos as escalas menores natural, melódica e harmônica, enfatizando as relações intervalares que as caracterizam. Vimos que, a partir das relações intervalares dos graus da escala com a tônica, é possível obter as escalas menores dos três tipos em qualquer tonalidade.

Por fim, ainda visando à compreensão de como se concebe música no Ocidente, apresentamos uma noção inicial sobre motivos, modos de variá-los e frases musicais.

 Teste de som

1. Classifique os intervalos a seguir em simples (S) ou compostos (C):

    Figura 4A

    a) C, C, S, S, S, C, S, C.
    b) S, S, C, S, S, S, C, C.
    c) S, S, S, C, S, C, C, C.
    d) S, C, S, C, S, C, S, C.
    e) S, S, C, C, C, S, C, S.

2. Os intervalos representados a seguir são, pela ordem:

    Figura 4B

a) 3m, 4J, 5J, 7M, 3M, 3m, 2m, 5J.

b) 3M, 4J, 5J, 7m, 3m, 3M, 2dim, 5aum.

c) 3M, 4J, 5J, 7m, 3M, 3m, 2aum, 5dim.

d) 3M, 5J, 6M, 7m, 3M, 3m, 2dim, 5aum.

e) 3M, 4J, 5J, 7M, 3M, 3M, 2aum, 5dim.

3. Os intervalos compostos derivados da 3M, da 4J, da 6m e da 7m são, respectivamente:

a) 6M, 5J, 3m e 2m.

b) 10M, 11J, 13m e 14m.

c) 6m, 5J, 3M e 2M.

d) 3m, 4J, 6M e 7M.

e) 10m, 11J, 13M e 14M.

4. Os intervalos invertidos da 3M, da 4J, da 6m e da 7m são, respectivamente:

a) 6M, 5J, 3m e 2m.

b) 10M, 11J, 13m e 14m.

c) 6m, 5J, 3M e 2M.

d) 3m, 4J, 6M e 7M.

e) 10m, 11J, 13M e 14M.

5. A respeito dos modos, considere as afirmativas a seguir:

i) O modo lócrio representa a escala menor natural.

ii) A escala de Dó Maior é equivalente ao modo dórico.

iii) O modo maior coincide com o modo jônio.

iv) O modo mixolídio difere do jônio apenas pela presença da 7m.

v) O modo eólio tem as mesmas relações intervalares da escala menor natural.

Estão corretas apenas as afirmativas:

a) II e IV.
b) I, II e IV.
c) III e IV.
d) III, IV e V.
e) III e V.

6. O primeiro compasso do trecho musical a seguir apresenta um motivo. Os compassos seguintes são obtidos por meio da variação desse motivo. As técnicas de variação motívica apresentadas são, pela ordem dos compassos:

Figura 4C

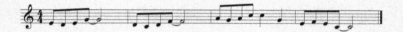

a) Transposição diatônica; transposição mais adição de notas; inversão dos sentidos dos intervalos.
b) Transposição cromática; transposição mais prolongamento de notas; inversão dos sentidos dos intervalos.
c) Transposição diatônica; transposição cromática; inversão dos sentidos dos intervalos.
d) Adição de notas; transposição diatônica; inversão dos sentidos dos intervalos.
e) Transposição diatônica; adição de notas; inversão dos sentidos dos intervalos.

Treinando o repertório

Pensando na letra

1. Selecione cinco músicas que você domine e descubra qual é o intervalo entre as duas primeiras notas. Isso lhe será útil em seus estudos sobre percepção musical.

2. Toque os três tipos de escala menor em seu instrumento. Tente associar a sonoridade de cada uma a imagens e sensações específicas.

Som na caixa

1. Repita a experiência de cantar a escala de Dó Maior somente até a nota Si com pessoas de seu convívio. Pergunte a elas qual é a sensação de não terminá-la na nota Dó.

Capítulo 5

COMBINANDO NOTAS

No capítulo anterior, "colhemos" notas e formamos escalas, modos, motivos e frases. Podemos afirmar que trabalhamos até o momento de forma horizontal, dispondo as notas uma após as outras.

Neste capítulo, vamos dar um passo além e olhar para a partitura verticalmente, combinando as notas umas com as outras e fazendo-as soar simultaneamente. É como se estivéssemos no século X, começando a pensar nas notas que soam agradáveis quando combinadas.

Esta é uma introdução ao estudo da harmonia, que entendemos ser necessária neste livro sobre leitura e escrita musical (LEM) pelo fato de também se tratar de objeto de representação. Na notação musical, não há como simplesmente copiar e ler os signos sem entender seu significado, por isso há um conteúdo mínimo a ser estudado.

Comecemos pelo início, pois, na constituição de cada som com altura defininda, os princípios da harmonia já estão ali gravados, naquilo que chamamos de *série harmônica*.

5.1 Série harmônica

No Capítulo 1, quando abordamos o timbre, apresentamos, de forma preliminar, o tema da série harmônica. Naquele momento, o enfoque estava mais direcionado à acústica. Agora, depois de adquirida uma boa bagagem de conteúdos teórico-musicais, podemos abordar o assunto pelo viés da música.

Quando emitimos um som musical, normalmente o relacionamos a uma frequência que, comumente, é a frequência mais grave. Nós o chamaremos de **som fundamental**. Entretanto, junto com ele, outros sons mais agudos soam simultaneamente. Esses sons mais agudos obedecem a uma relação matemática exata com o som fundamental e recebem o nome de **harmônicos**. À sucessão desses harmônicos, a partir de determinado som fundamental, chamamos de **série harmônica**. No exemplo a seguir, apresentaremos a série harmônica produzida por uma nota Dó1. Cabe observar que essa numeração após a nota musical serve para identificar a oitava à qual tal nota pertence. No Brasil, o Dó3 é chamado também de *Dó Central*, pelo fato de ser a nota Dó mais próxima do centro do teclado do piano. Ele também é popularmente chamado de *Dó Saturno*, por estar na primeira linha suplementar inferior na clave de Sol e assemelhar-se a uma vista frontal do planeta Saturno e seus anéis.

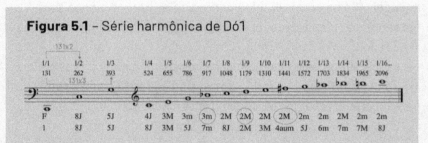

Figura 5.1 – Série harmônica de Dó1

A Figura 5.1 apresenta uma densidade ímpar de informações. A primeira linha atribui uma fração a cada nota. Suponhamos que esse som seja produzido por um instrumento de corda: violão, violino, harpa, piano. O som fundamental representa a vibração da corda em sua extensão total, por isso lhe é atribuído um inteiro. O primeiro harmônico, a nota Dó uma oitava acima, é obtido pela vibração equivalente à metade da corda, por isso a fração ½. Seguindo-se esse raciocínio, o segundo harmônico é obtido pela vibração de ⅓ da corda, terceiro de ¼, e assim sucessivamente.

Agora, considere que, no tempo em que a frequência fundamental completa uma vibração completa da corda inteira, o primeiro harmônico terá de produzir dois ciclos para acompanhar o som fundamental. Em outras palavras, a frequência do segundo harmônico é o dobro da frequência fundamental. Ao mesmo tempo, o segundo harmônico terá de repetir três ciclos e, por essa razão, sua frequência é o triplo da fundamental. São esses valores absolutos, em hertz (Hz), que estão representados na segunda linha da Figura 5.1.

Repare que adicionamos 131 Hz à frequência de cada harmônico que avançamos. Desse modo, é possível concluir que as frequências da série harmônica são distribuídas segundo uma progressão aritmética de razão igual à frequência fundamental.

Em contrapartida, se analisarmos somente as notas Dó, encontraremos os seguintes valores de frequência: 131 Hz, 262 Hz, 524 Hz, 1.048 Hz e 2.096 Hz, ou seja, a cada salto de oitava, a frequência duplica. Podemos afirmar, então, que as frequências das oitavas do som fundamental se distribuem segundo uma progressão geométrica de razão igual a dois ou podemos simplesmente dizer que o som uma oitava acima de outro tem o dobro de sua frequência.

A terceira linha, ou a primeira abaixo da pauta, mostra os intervalos que surgem entre as notas da série harmônica. Note que os primeiros são 8J, 5J e 4J. Se chamarmos a frequência fundamental de "F", teremos que a frequência do primeiro harmônico é igual a 2F, a do segundo é igual a 3F e a do terceiro é igual 4F. Assim, podemos analisar matematicamente a relação entre as frequências dos intervalos:

$$8J: \frac{F}{2F} = \frac{\cancel{F}}{2\cancel{F}} = \frac{1}{2}$$

$$5J: \frac{2F}{3F} = \frac{2}{3}$$

$$4J: \frac{3F}{4F} = \frac{3}{4}$$

Hora do ensaio

Essas relações indicam que, ao ouvirmos uma 8J harmonicamente, a nota mais grave completa um ciclo a cada dois da mais aguda. Isso equivale a afirmar que, a cada passo de um adulto, uma criança que caminhe ao seu lado dá dois passos. Tente reproduzir isso batendo lentamente com a mão esquerda na mesa e ao mesmo tempo com a mão direita no dobro do andamento. Se você pudesse multiplicar essa frequência que utilizou nessa experiência por uma ou duas dezenas, ouviria aproximadamente o que se ouve ao fazer soar uma 8J em seu instrumento.

Transportando essas analogias para a 4J e a 5J, você pode tentar duas batidas da mão esquerda contra três da direita e, depois, três da esquerda contra quatro da direita. Certamente, o exercício já não será tão simples quanto a experiência da 8J, mas ainda assim é possível e, com treino, pode se tornar simples e divertido.

Na 8J, a cada ciclo do som mais grave, o som mais agudo completa dois. Em outras palavras, a cada dois ciclos do som mais agudo, os dois sons vão coincidir. Isso vai acontecer a cada três e dois ciclos na 5J e a cada quatro e três ciclos na 4J. Essas relações matemáticas de ½, ⅔ e ¾ na música são consideradas simples e, por isso, os intervalos da 8J, da 5J e da 4J são considerados **consonâncias perfeitas**.

 Em alto e bom som

O termo *consonância* está relacionado a sensações de conforto, repouso, estabilidade dos intervalos. Em termos mais objetivos, diz respeito ao grau de complexidade das relações matemáticas entre as frequências. Vimos que as relações simples dão origem às consonâncias perfeitas. As relações de média complexidade distinguem as **consonâncias imperfeitas**: 3M, 3m, 6M, 6m. Já as relações de alta complexidade geram as chamadas **dissonâncias**: 2M, 2m, 4aum, 5dim, 7M, 7m, e assim por diante.

Observe que as dissonâncias começam a aparecer em uma região aguda da série harmônica e que algumas delas aparecem somente na quarta linha da Figura 5.1, a qual relaciona o harmônico com alguma oitava do som fundamental, imediatamente mais grave a ele. Por exemplo: a 4aum que aparece no décimo harmônico está referenciada ao Dó4, representado no terceiro espaço do pentagrama.

É importante frisarmos que, até o quinto harmônico, os intervalos são ditos **digressivos**, ou seja, eles diminuem a cada novo elemento da série. Na verdade, do ponto de vista acústico, eles permanecem diminuídos. Isso significa que a 3m entre Sol3 e Sib3 é ligeiramente menor que a 3m entre Mi3 e Sol3. Entretanto, a música equalizou essas diferenças com a adoção do **sistema temperado**.

Os temperamentos são necessários sobretudo porque as consonâncias da harmonia triádica – 8as, 5as e terças – são em muitos casos incompatíveis com os intervalos naturais. Assim, três terças maiores naturais não perfazem uma 8a natural por cerca de 1/5 de um tom inteiro; por outro lado, quatro terças menores naturais excedem uma 8a em metade desse valor; o círculo das 5as naturais não se fecha num uníssono perfeito; e a 2a maior obtida subtraindo-se a terça menor natural da 4a natural é cerca de 11% menor do que a obtida subtraindo-se uma 4a natural de uma 5a natural. (Sadie, 1994, p. 938)

Essas são algumas das razões pelas quais, desde Pitágoras, os ajustes das frequências das notas naturais foram alvo de diversos sistemas de temperamento na música ocidental.

O sistema temperado que prevaleceu foi o **temperamento igual**, que divide a oitava em 12 semitons iguais. No entanto, essa não deve ser uma divisão aritmética simplesmente, pois, como vimos, as oitavas se sucedem segundo uma progressão geométrica. Por isso, o cálculo é um pouco mais complexo e você o conhecerá ao estudar acústica.

Se ligue na batida

Mesmo adotando-se esse temperamento como paradigma para a música, as notas musicais naturais não deixaram de ser utilizadas. Alguns intérpretes da chamada *música antiga* as empregam e até mesmo outros sistemas de temperamento, como o desigual, que são atribuídos a determinados períodos da história da música. Além disso, muitos instrumentos contam com métodos de produção sonora que se apoiam na série harmônica para modular entre as notas musicais. Os instrumentos de sopro da família dos metais, por exemplo, utilizam a variação da intensidade do sopro para saltar entre os harmônicos e neles apoiar a obtenção de outras notas. Os instrumentos de corda friccionada, como os

> violinos, podem fazer soar infinitas frequências entre dois semi-tons, o que os faz poder transitar entre o sistema temperado e o som natural. Por fim, há também a voz, que tem capacidades múltiplas e igualmente pode transitar entre vários sistemas, desde que a cognição esteja habituada a eles.

Outra observação que podemos extrair da Figura 5.1 diz respeito à ordem em que surgem as notas musicais: Dó, Sol, Mi, Si*b*, Ré, Fá#, Lá*b*, e assim por diante. Somente as três primeiras notas dessa sequência correspondem à escala que chamamos *Dó Maior natural*. Nesse caso, vale a advertência de que a palavra *natural* utilizada no nome da escala não se refere à série harmônica, mas simplesmente ao fato de que suas notas não apresentam acidentes.

Dominar a série harmônica, além das possibilidades artísticas, significa saber de onde as notas musicais vêm e por que a música tem pontos em comum em todos os cantos do mundo. Significa compreender a origem dos intervalos, das escalas, da harmonia. Conhecer a série harmônica equivale a conhecer o mapeamento genético, o DNA da música.

5.2 Tipos de acordes e sua notação

Ao abordarmos a história da notação musical e os modos litúrgicos, indicamos que, por volta do século X, apareceram os primeiros registros de tentativas de combinar sons. Primeiro foram duas linhas melódicas, surgindo em seguida a terceira e, com ela, a sensação de que determinadas combinações sonoras geravam sensações diferentes das produzidas por outras. Assim se estabeleceu a definição mais elementar de **acorde** como a **combinação harmônica entre três ou mais notas**. A palavra *harmônica* aqui pode ter duas funções: a primeira é indicar que essas notas são tocadas ao mesmo tempo; a segunda consiste em lembrar as relações de consonância perfeita e imperfeita vistas ao tratarmos da série **harmônica**.

Essa primeira harmonia que surgiu na virada do primeiro para o segundo milênio era uma harmonia modal, pois era fruto de um sistema musical todo desenhado a partir do modalismo.

Com o surgimento do tonalismo, que erigiu pelo poder da **sensível**, o **sistema triádico**, com acordes de três notas, ganhou força e estabeleceu-se como a base para o desenvolvimento da **harmonia tonal**.

Esse sistema tem sua origem na superposição de terças à escala diatônica, tal como ilustra a Figura 5.2.

Figura 5.2 – Formação de tríades na escala diatônica

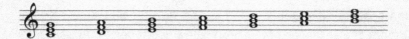

À nota mais grave da tríade chamaremos de **fundamental**; as outras duas notas acima dela receberão o nome de seus respectivos intervalos com a fundamental: **terça** e **quinta**.

5.2.1 Tipos de tríades

Ao se superporem duas terças sucessivas à escala diatônica, surgem três tipos distintos de tríades. Vejamos a seguir os tipos de tríade existentes.

Figura 5.3 – Tríade perfeita maior

A **tríade perfeita maior**, ou simplesmente PM, caracteriza-se por apresentar uma 3M seguida de uma 3m. Podemos também afirmar que é constituída por uma 3M e uma 5J. Na formação dos acordes a partir da escala diatônica, ela aparece no primeiro, no quarto e no quinto graus.

Figura 5.4 – Tríade perfeita menor

A **tríade perfeita menor**, ou Pm, tem as terças invertidas em relação à perfeita maior, ou seja, ela é formada por uma 3m sucedida por uma 3M, ou por uma 3m e uma 5J. Nas tríades formadas pela escala diatônica, essa tríade aparece no segundo, no terceiro e no sexto graus.

Figura 5.5 – Tríade diminuta

A **tríade diminuta**, ou dim, é formada a partir do sétimo grau da escala diatônica. Sua composição é de duas 3m sucessivas, gerando assim intervalos de 3m e 5dim em relação à fundamental do acorde.

Figura 5.6 – Tríade aumentada

A **tríade aumentada**, ou aum, não vai aparecer nos acordes formados pela escala diatônica, e sim nos formados por escalas menores. Ela é constituída por duas 3M, que geram intervalos de 3M e 5aum com a fundamental.

Como forma de condensar essas informações, observe a tabela a seguir.

Tabela 5.1 – Classificação das tríades

Tríade	Terças	Intervalos
PM	3M + 3m	3M e 5J
Pm	3m + 3M	3m e 5J
Dim	3m + 3m	3m e 5dim
Aum	3M + 3M	3M e 5aum

5.2.2 Representação dos acordes

A nomenclatura dos acordes no sistema musical ocidental é mais próxima da universalidade do que nos sistemas de nomenclaturas das notas musicais. Isso talvez se deva ao fato de que a nomenclatura consagrada de acordes vem do sistema germânico de nomenclatura de notas, no qual:

- Lá = A
- Si = B
- Dó = C
- Ré = D
- Mi = E
- Fá = F

A única diferença é que a letra B é utilizada para representar a nota Si*b*, enquanto a nota Si natural é representada pela letra H.

Para representar o nome do acorde, ou seu prefixo, é utilizada a letra correspondente à sua fundamental. Se a fundamental do acorde for a nota Dó, por exemplo, este será representado pela letra C. Se a fundamental for a nota Si, o acorde será representado pela letra B, e assim por diante.

Nos casos em que a fundamental do acorde for uma nota com acidente, a letra correspondente ao acorde será acrescida do acidente, como em C#, F#, A*b* e E*b*.

O tipo do acorde será representado em seu sufixo, utilizando-se a simbologia exposta na tabela a seguir.

Tabela 5.2 – Representação dos tipos de tríades

Tríade	Representação
PM	X
Pm	Xm
Dim	Xdim ou X°
Aum	Xaum ou X(#5)

A letra X indica a representação do nome do acorde por meio de uma das sete primeiras letras do alfabeto. Repare que, para representar uma tríade perfeita maior, não há necessidade de qualquer signo adicional. Os acordes perfeitos menores são representados por um "m" minúsculo. Os acordes diminutos e aumentados podem ser representados por sua abreviação ou por signos específicos, como mostra a Tabela 5.2.

A seguir, veremos alguns exemplos de como se nomeiam e se representam as tríades.

Figura 5.7 – Exemplo de nomenclatura de tríades

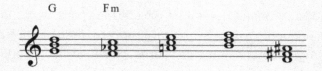

Observe que não colocamos os nomes de todas as tríades nesse exemplo. Deixamos alguns para você exercitar o conteúdo desta seção. Lembre-se de primeiro verificar a nota mais grave – ela dará nome ao acorde. Depois analise a relação intervalar e defina qual é sua natureza. Por último, adicione a representação correspondente ao tipo de tríade.

 Em alto e bom som

Quando representamos um acorde dessa forma em uma partitura, chamamos seu conjunto de **cifras**. Uma melodia representada na pauta com cifras é chamada de **melodia cifrada**. Na música popular, é comum que se utilizem as cifras sobre a letra da canção – é o que denominamos *letra cifrada*. Também é possível formatar a partitura somente com os acordes entre as barras de compasso, sem pentagrama e sem melodia alguma. Essa notação é bastante empregada para músicos de instrumentos harmônicos, como

> piano, violão e guitarra. Nesse caso, ela é chamada simplesmente de **cifras** ou **grade**. Em todos esses casos, com poucas variações, o sistema de nomenclatura e representação dos acordes é o mesmo.

Os signos de representação dos acordes vistos até aqui não correspondem à totalidade da simbologia existente. Existem outros, com outras funções, cujo aprendizado recomendamos que seja paulatino, à medida que seu estudo sobre harmonia for avançando.

5.3 Campos harmônicos maiores

Na Figura 5.2, apresentamos as notas da escala diatônica superpostas por duas terças acima. Chamamos esses agrupamentos de *tríades* e mostramos como dar nome a elas. Entretanto, não voltamos à escala diatônica para enfim dar nomes às tríades formadas por elas. Façamos isso como ponto de partida para o estudo que se segue.

Figura 5.8 – Campo harmônico de Dó Maior

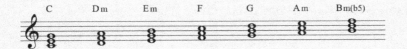

Ao gerarmos esses acordes a partir da escala de Dó Maior, obtemos o campo harmônico de Dó Maior. Podemos definir campo harmônico como o conjunto de acordes resultante da superposição de terças a notas de determinada escala. Logo, percebemos que seu nome é dado em função da escala que o gerou; por exemplo, a escala de Lá Maior vai originar o campo harmônico de Lá Maior.

Afirmamos anteriormente que, ao definirmos uma escala para determinada música, estamos também estabelecendo uma tonalidade, ou um tom, para ela. Ao fazermos isso, estamos igualmente fixando um campo harmônico correspondente, o que significa, em outras palavras, delimitar as possibilidades de acordes a serem utilizados dentro daquela tonalidade.

Se ligue na batida

Na verdade, a harmonia de uma música, mesmo que tonal, não está limitada a somente sete acordes. Eles são suficientes para músicas mais elementares, mas apenas o ponto de partida para músicas mais complexas.

Via de regra, quando ouvimos uma música sem surpresas, sem momentos de estranheza, possivelmente estamos ouvindo acordes restritos ao campo harmônico. Saber quais são esses acordes, para aquele que está transcrevendo a música, é um auxílio valioso.

Vimos até aqui o campo harmônico de Dó Maior. Vejamos como obter os campos harmônicos de outras tonalidades.

Figura 5.9 – Campo harmônico de Ré Maior

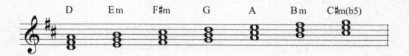

A sequência de acordes que se formou sobre as notas da escala de Ré Maior leva o nome de *campo harmônico de Ré Maior*. Para formá-lo, primeiro escrevemos a escala de Ré Maior, da maneira que demonstramos no Capítulo 3. Depois, superpomos duas terças acima de cada nota da escala. Para nomearmos as tríades obtidas, escrevemos primeiro a letra correspondente ao som fundamental e, em seguida, o sufixo que qualificará a tríade em PM, Pm ou diminuta. Cabe observar que tríades aumentadas não aparecem em tonalidades maiores.

Vamos aplicar novamente essa sequência de operações à escala de Sib Maior.

Figura 5.10 - Campo harmônico de Sib Maior

Ao encontrarmos os acordes do campo harmônico de Sib Maior, podemos começar a perceber que os três campos vistos até aqui apresentam semelhanças. De fato, é possível extrair deles uma regra geral de formação, que pode ser representada de duas formas:

1. I – IIm – IIIm – IV – V – VIm – VII°

ou

2. I – ii – iii – IV – V – vi – vii°

Independentemente da notação que você escolher, saber essa regra básica de formação do campo harmônico otimiza o tempo de obtenção dele, embora o modo tradicional seja um excelente exercício de escrita musical também.

Hora do ensaio

Agora que você tem duas opções para determinar os campos harmônicos, faça isso em seu caderno. Seguir a sequência do ciclo das quintas vai facilitar seu trabalho.

5.4 Campos harmônicos menores

Os campos harmônicos menores são formados mediante a aplicação dos mesmos procedimentos usados para a obtenção dos maiores. No entanto, como há três tipos principais de escalas menores, estudadas no Capítulo 4, há também três tipos de campos menores.

Essa variedade será transportada também para os acordes. A seguir, veremos novas possibilidades harmônicas.

5.4.1 Campo harmônico menor natural

Quando exploramos a escala menor natural, demonstramos que ela é construída a partir do sexto grau da escala maior e, a partir daí, mantém as mesmas relações intervalares entre as notas, mas que, em relação à nova tônica, surgem novos intervalos. Isso vai se repetir com os campos harmônicos.

Vamos partir da tonalidade relativa menor de Dó Maior, ou seja, Lá Menor.

Figura 5.11 – Campo harmônico de Lá Menor natural

Podemos ver que esse campo harmônico repete integralmente os acordes de Dó Maior, porém ordenados de outra forma. Essa nova organização desloca as funções harmônicas – assunto que você poderá ver ao estudar harmonia funcional. É essa mudança de posição que vai interferir no caráter de cada acorde.

Com base nesse exemplo, e de forma semelhante à que adotamos no estudo sobre os campos harmônicos maiores, podemos definir uma regra geral para formação dos campos harmônicos menores naturais:

> i–ii°–bIII–iv–v–bVI–bVII

Repare que foi acrescentado o bemol aos graus III, VI e VII. A função disso é identificar com precisão esse tipo de campo harmônico. Só existe um tipo de escala com terceiro, sexto e sétimo graus bemóis e, consequentemente, só há um tipo de campo harmônico com essa configuração.

Vejamos como fica o campo harmônico menor natural em outra tonalidade.

Figura 5.12 – Campo harmônico de Dó Menor natural

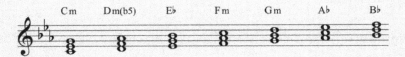

Podemos perceber que aplicamos a mesma regra de formação para o campo harmônico de Dó Menor natural. Faça apenas uma pequena reflexão: compare Dó Maior e Dó Menor natural e observe que não há nenhum acorde coincidente, o que pode ser considerado um indício de que as tonalidades, embora homônimas, são distantes.

Dó Maior	C	Dm	Em	F	G	Am	Bm7(b5)
Dó Menor	Cm	Dm(b5)	Eb	Fm	Gm	Ab	Bb

Os outros campos harmônicos naturais seguem o mesmo sistema. Como exercício, escreva alguns deles em seu caderno.

5.4.2 Campo harmônico menor harmônico

Em alto e bom som

Historicamente, a escala menor harmônica surgiu para suprir certa deficiência da escala menor natural. Vimos que essa limitação era a ausência da sensível. Nos termos da harmonia, a diferença que essa pequena alteração faz está no aparecimento do quinto grau maior, que chamamos de **dominante**.

Ao estudar harmonia funcional, você verá o quanto é importante a presença da dominante no estabelecimento do tonalismo.

Vejamos essa e outras inovações harmônicas que o campo harmônico menor harmônico trouxe para a música, a partir do exemplo em Dó Menor.

Figura 5.13 – Campo harmônico de Dó Menor harmônico

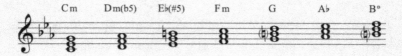

Os dois primeiros acordes coincidem com o campo harmônico menor natural. A partir do terceiro grau, aparecem as novidades. A primeira delas é um acorde que já tínhamos antevisto, mas agora sabemos sua origem: o acorde aumentado no terceiro grau. Além dele e do quinto grau maior, surge a sétima diminuta, que também terá grande importância na harmonia funcional.

O campo harmônico menor harmônico, então, apresenta a seguinte regra geral de formação:

i – ii° – bIIIaum – iv – V – bVI – vii°

Aplicando essa regra de formação a Si Menor, obteremos o que consta na figura a seguir.

Figura 5.14 – Campo harmônico de Si Menor harmônico

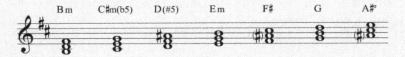

Assim se formam os campos harmônicos menores harmônicos. Mais uma vez, mostramos apenas dois e deixamos todos os outros para você fazer. Então, mãos à obra.

5.4.3 Campo harmônico menor melódico

Na definição do campo harmônico menor melódico, utilizaremos apenas a parte ascendente da escala por um motivo óbvio: a parte descendente é a escala menor natural, da qual já obtivemos o campo harmônico.

Desavisadamente, poderíamos pensar que, como a escala menor melódica é mista entre o modo menor e o maior, os acordes gerados por ela serão metade do campo harmônico maior e metade do campo harmônico menor natural. Mas não sejamos levianos e, antes de tirarmos conclusões precipitadas, vamos montar nosso campo harmônico de Dó menor melódico.

Figura 5.15 – Campo harmônico de Dó Menor melódico

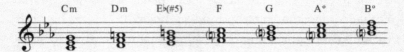

Podemos destacar nesse campo harmônico primeiro a presença do segundo grau menor, diferente dos outros campos menores, mas igual ao maior. Há mais três coincidências com o campo harmônico maior: o quarto, o quinto e o sétimo graus. Não é que mais de metade dos acordes pertence também ao modo maior?

Em contrapartida, temos mais um fato novo: o aparecimento de mais um acorde diminuto, agora no sexto grau.

Assim, a regra geral de formação do campo harmônico menor melódico fica desta maneira:

i – ii – bIIIaum – IV – V – vi° – vii°

Podemos aplicar essa regra a outras tonalidades. Se o fizermos em relação a Mi Menor, por exemplo, encontraremos o que consta na figura a seguir.

Figura 5.16 – Campo harmônico de Mi Menor melódico

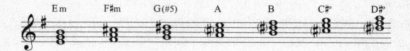

Hora do ensaio

Se você apenas ler esse conteúdo, correrá o risco de esquecê-lo. Exercite. Faça os outros campos harmônicos melódicos em seu caderno.

Com o objetivo de facilitar seus estudos, veja a seguir um quadro-resumo das regras de formação das escalas menores.

Quadro 5.1 – Quadro comparativo entre os campos harmônicos menores

Escala menor	Graus						
Natural	i	ii°	bIII	iv	v	bVI	bVII
Harmônica	i	ii°	bIIIaum	iv	V	bVI	vii°
Melódica	i	ii	bIIIaum	IV	V	vi°	vii°

5.5 Tétrades

Ao estudarmos campos harmônicos, partimos de consonâncias, sobretudo terças e quintas. Logo apareceram quintas diminutas e aumentadas, e essas foram as primeiras dissonâncias em nosso estudo preliminar sobre harmonia.

Agora, indo um pouco além no campo das dissonâncias, vamos superpor mais uma terça aos esquemas que vimos na seção anterior, gerando intervalos de sétima em relação às fundamentais dos acordes.

A sétima, quando for menor, será grafada apenas pelo número 7. Quando ela for maior, ao número 7 será acrescida a letra M, maiúscula. Ao acrescentarmos essa sétima, novas possibilidades harmônicas se abrem:

- **A partir da tríade PM:**

  - Acorde maior com sétima menor: X7
  - Acorde maior com sétima maior: X7M

- **A partir da tríade Pm:**

  - Acorde menor com sétima menor: Xm7
  - Acorde menor com sétima maior: Xm7M

- **A partir da tríade diminuta:**

  - Acorde diminuto com sétima menor: Xm7(b5) ou X$^\phi$
  - Acorde diminuto com sétima diminuta: X$^\circ$

- **A partir da tríade aumentada:**

  - Acorde aumentado com sétima maior: Xaum7M ou X7M(#5)
  - Acorde aumentado com sétima aumentada: Xaum(#7)

O acorde formado a partir da tríade diminuta acrescido da sétima menor pode ser chamado também de *meio diminuto*, ou menor com sétima e quinta diminuta. Já o acorde obtido pela mesma base triádica mais a sétima diminuta é denominado *diminuto*, como nas tríades.

Sobre o acorde aumentado com sétima aumentada, obtido por superposição de três terças maiores, vejamos a opinião de Carlos Almada:

> Essa é mais uma das várias "imperfeições" do sistema temperado: afinal, tal convenção na qual foram arbitradas aproximações e simplificações trouxe também uma série de incoerências, sob a ótica rígida da Acústica. Sendo assim, podemos concluir que uma tétrade com sétima aumentada "não existe", ou melhor, a sétima aumentada nada mais seria do que o **dobramento** à oitava fundamental. Em outras palavras: a "tétrade", nesse caso, continua a ser tríade! (Almada, 2012, p. 42, grifo do original)

Assim, vamos excluir a oitava possibilidade listada anteriormente e ficar apenas com sete opções de acordes com sétima.

Seguindo a ordem que adotamos anteriormente, vejamos o que ocorre quando montamos o campo harmônico de Dó Maior em **tétrades**.

Figura 5.17 – Campo harmônico de Dó Maior em tétrades

As sétimas adicionadas ao campo harmônico menor trazem novas sensações aos acordes. Em geral, é possível sentir uma relativa quebra na dureza das tríades. Os acordes com sétima, em grande parte, conferem um ar de sofisticação à música. Isso pode ser constatado auditivamente.

Hora do ensaio

Toque esse campo harmônico primeiro com tríades e depois com tétrades. Se suas sensações forem diferentes das aqui mencionadas, não há problema, mas sinta a diferença e guarde a sensação em sua memória. Ao ouvir uma harmonia com tétrades, você vai logo identificar que os acordes contêm a sétima.

Algumas situações relevantes ocorrem no campo harmônico de Dó Maior. É a primeira vez que aparece no quinto grau o acorde maior com sétima maior. Dentro dele, entre sua terça e sua sétima, forma-se uma quinta diminuta, um trítono. Esse elemento é o grande responsável pela existência do sistema tonal. Além da sensível, a nota Si que é atraída para o Dó naturalmente, a nota Fá também sofre força de atração para a nota Mi. Essa dupla atração do trítono para a primeira terça do acorde de tônica cria uma tendência quase inevitável de, ao atingir o quinto grau, passar diretamente à tônica. Por isso chamamos esse acorde de *dominante*, como mencionamos anteriormente.

Outra situação a ser observada é que no sétimo grau agora existe um acorde meio diminuto. Talvez isso não seja relevante para um pianista que sempre está visualizando as notas componentes do acorde. Já para um violonista popular, que utiliza fôrmas para tocar acordes, isso fará muita diferença, pois as fôrmas dos acordes diminutos são diferentes das fôrmas dos meio diminutos.

Os campos harmônicos formados por quatro notas também contam com sua regra geral de formação. Eis a dos campos hamônicos maiores:

I7M – ii7 – iii7 – IV7M – V7 – vi7 – vii$^\varnothing$

Desse modo, podemos transportar essa estrutura para outras tonalidades. Desta vez, o trabalho será todo seu.

O próximo passo será observarmos quais acordes novos aparecem nos campos harmônicos menores, começando pelo natural.

Figura 5.18 – Campo harmônico de Dó Menor natural em tétrades

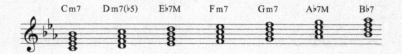

Como ocorreu com as tríades, nenhum acorde novo apareceu. Um fato curioso é que a adição da sétima provocou uma diferenciação entre o sexto e o sétimo graus. Um se tornou acorde maior com sétima maior e o outro com sétima menor. Parece pouco, mas, se você tocar os acordes em seu instrumento, sentirá a diferença de sonoridade entre os dois.

A regra geral de formação do campo harmônico menor natural em tétrades, portanto, fica assim:

i7 – ii⁰ – bIII7M – iv7 – v7 – bVI7M – bVII7

A seguir, veremos como fica o campo harmônico de Dó Menor harmônico em tétrades.

Figura 5.19 – Campo harmônico de Dó Menor harmônico em tétrades

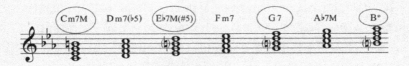

Esse campo harmônico começa já com um acorde bastante dissonante. A sétima maior, típica de acordes maiores, quando aparece em um acorde menor, gera um resultado sonoro tenso. Mas é melhor que você mesmo toque o acorde e faça as próprias ligações afetivas. Em seguida, no terceiro grau, encontramos outro acorde tenso: o acorde aumentado com sétima maior. No quinto grau surge a dominante com sua tríade, que também sofre atração pela tônica menor. Por último, aparece pela primeira vez o acorde diminuto, aquele com quinta e sétima diminutas.

O campo harmônico menor harmônico, entre os três menores, é o que melhor atende aos requisitos do tonalismo. Além do acorde de quinta dominante, o mesmo trítono aparece no sétimo grau, que, muitas vezes, poderá assumir essa função de anteceder a tônica.

A regra geral para obtenção desse campo harmônico é:

i7M – ii⁰ – bIIIaum7M – iv7 – V7 – bVI7M – vii°

Por último, vejamos o que ocorre com o campo harmônico menor melódico quando obtido por meio de tétrades.

Figura 5.20 – Campo harmônico de Dó Menor melódico em tétrades

Assim como ocorreu com as tríades, o segundo grau coincidiu com o mesmo grau do campo harmônico maior. Entretanto, o quarto grau que também coincidia recebeu uma sétima menor. Apesar de ter se tornado um acorde maior com sétima menor, ele não é dominante dessa tonalidade, mas, como conta com um trítono em sua estrutura interna, ele pode fazer o papel de pivô, ajudando na modulação para outra tonalidade.

No sexto e no sétimo graus, aparecem os meio diminutos, sendo que o acorde do sétimo grau coincide com o que ocupa a mesma posição no campo harmônico de Dó Maior.

Sendo essas as considerações sobre o campo harmônico menor melódico, eis sua regra geral de formação:

i7M – ii7 – bIIIaum7M – IV7 – V7 – vi⁰ – vii⁰

Finalizando, a exemplo do que fizemos com as tríades, apresentamos um quadro comparativo entre os campos harmônicos menores em tétrades.

Quadro 5.2 – Quadro comparativo entre os campos harmônicos menores em tétrades

Escala menor	Graus						
Natural	**i7**	**ii**⁰	**bIII7M**	**iv7**	v7	**bVI7M**	bVII7
Harmônica	i7M	**ii**⁰	bIIIaum7M	**iv7**	**V7**	**bVI7M**	**vii**⁰
Melódica	i7M	ii	bIIIaum7M	IV7	**V7**	vi⁰	vii⁰

Cabe ainda uma consideração final sobre campos harmônicos menores em geral. Ao harmonizar uma música em tonalidade menor, o compositor, ou arranjador, não precisa se prender a apenas um dos três tipos. Os acordes podem ser intercambiados, desde que se mantenham na mesma tonalidade. Na música popular, é notória uma tendência, ou até certa predileção, à opção por sete acordes, precisamente os que estão em destaque no Quadro 5.2: i7, ii⁰, bIII7M, iv7, V7, bVI7M, vii°.

 Resumo da ópera

Nosso objetivo neste capítulo foi proporcionar uma visão preliminar da harmonia, com vistas a suprir as necessidades de leitura e de escrita musical.

Demonstramos como surgem os intervalos e quais são mais propícios para a formação de acorde, quando abordamos a série harmônica. Examinamos as relações matemáticas entre os harmônicos e mostramos que são elas as responsáveis por determinar se os intervalos são consonantes ou dissonantes. Os consonantes perfeitos são 8J, 5J e 4J, e os consonantes imperfeitos são 3M, 3m, 6M e 6m.

A série harmônica indica que os harmônicos se sucedem indefinidamente de forma digressiva, ou seja, os intervalos vão diminuindo. Isso provocou historicamente a necessidade de correção de suas frequências – o chamado *temperamento*. Nosso sistema de 12 notas é fruto do temperamento igual, em que todos os semitons são geometricamente iguais.

Na sequência, explicamos como, na prática, a combinação de notas chegou a quatro tipos básicos de acordes triádicos: perfeito maior, perfeito menor, diminuto e aumentado. Em seguida, expusemos o sistema de cifragem e partimos para o estudo dos campos harmônicos, destacando suas regras gerais de formação.

Quadro 5.3 – Regras de formação de campos harmônicos em tríades

Escala	Graus						
Maior	I	ii	iii	IV	V	vi	vii°
Menor natural	i	ii°	bIII	iv	v	bVI	bVII
Menor harmônica	i	ii°	bIIIaum	iv	V	bVI	vii°
Menor melódica	i	ii	bIIIaum	IV	V	vi°	vii°

Ao replicarmos o mesmo estudo para acordes de quatro notas, as tétrades, apresentamos igualmente suas regras gerais de formação.

Quadro 5.4 – Regras de formação de campos harmônicos em tétrades

Escala	Graus						
Maior	I7M	ii7	iii7	IV7M	V7	vi7	vii$^{\Phi}$
Menor natural	i7	ii$^{\Phi}$	bIII7M	iv7	v7	bVI7M	bVII7
Menor harmônica	i7M	ii$^{\Phi}$	bIIIaum7M	iv7	V7	bVI7M	vii°
Menor melódica	i7M	ii	bIIIaum7M	IV7	V7	vi$^{\Phi}$	vii$^{\Phi}$

Saber a origem, a nomenclatura e a grafia desses acordes é imprescindível para a leitura e escrita musical.

Teste de som

1. Se a frequência de uma nota é 110 Hz, quais são as frequências da mesma nota uma, duas e três oitavas acima, respectivamente?
   a) 220 Hz, 330 Hz, 440 Hz.
   b) 120 Hz, 130 Hz, 140 Hz.
   c) 220 Hz, 440 Hz, 880 Hz.
   d) 262 Hz, 524 Hz, 1.048 Hz.
   e) 220 Hz, 320 Hz, 420 Hz.

2. Podemos chamar de *consonâncias imperfeitas* os intervalos de:
   a) 3M e 6M.
   b) 3M, 3m e suas inversões.
   c) 8J, 5J e 4J.
   d) 8J, 5J, 4J, 3M e 3m.
   e) 8J, 5J, 4J, terças e sextas.

3. Classifique as tríades a seguir em perfeita maior (PM), perfeita menor (Pm), diminuta (dim) ou aumentada (aum):

   Figura 5A

   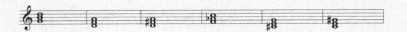

   a) PM, PM, aum, dim, dim, aum.
   b) PM, Pm, aum, dim, dim, aum.
   c) PM, dim, aum, Pm, dim, aum.
   d) PM, Pm, Pm, dim, dim, aum.
   e) PM, Pm, PM, Pm, dim, aum.

4. Como se cifram as tríades da questão anterior?
   a) G, Dm, Daum, F°, C#°, Caum.
   b) G, D, Daum, F°, C#°, Caum.
   c) G, Dm, D, Fm, C°, Caum.
   d) G, Dm, D, Fdim, C°, Caum.
   e) G, Dm, D, Fm, C#°, Caum.

5. Quais são as cifras dos acordes a seguir?

   Figura 5B

   a) F7M, Dm7, Em°, C7M(#5), Bm°, G7.
   b) F7M, Dm7, Em7(b5), C7M(#5), Bm7(b5), G7.
   c) F7M, Dm7(b5), Em7, C7M(#5), Bm7(b5), G7.
   d) F7M, Dm7, Em7(b5), C7M(#5), Bm7(b5), G7M.
   e) F7M, Dm7, Em7, C7M(#5), Bm7(b5), G7.

 Treinando o repertório

Pensando na letra

1. Você já viu alguém cantando com a técnica chamada *canto bifônico*? Se ainda não conhece, procure conhecê-la e, depois, reflita sobre a seguinte questão: os cantores cantam realmente duas notas ao mesmo tempo? Justifique sua resposta.

2. O cantor e compositor Cazuza é reconhecido como um artista representante do *rock* nacional. Sua composição *Faz parte do meu show* soa um pouco apartada desse estilo. Há razões harmônicas para isso? Justifique sua resposta.

Som na caixa

1. Esta proposta é um misto de indicação cultural e atividade aplicada. Indicamos que você assista ao filme *O som do coração*, cujo título original é August Rush, lançado em 2007 e dirigido por Kirsten Sheridan. Procure tentar entender como se caracteriza nesse filme a função dramatúrgica dos sons da série harmônica.

Capítulo 6

SONORIZANDO A ESCRITA

Até aqui o foco deste livro esteve voltado para aspectos teóricos, apesar das diversas sugestões de atividades práticas para fixar a teoria.

Neste ponto do texto, você provavelmente já acumula um considerável rol de conhecimentos sobre signos de representação musical. Com eles você pode compreender o que está escrito em um grande número de partituras. Mas somente essa compreensão não basta para alcançar a fluência na leitura.

Na prática, é possível detectar dois níveis de leitura musical. O primeiro atende apenas às necessidades de avanço no campo teórico-musical. Nesse nível, o musicista precisa apenas reconhecer os signos com certo grau de agilidade, suficiente para fazer fluir as construções teóricas. É necessário reconhecer a tonalidade a que se refere a armadura de clave, identificar as notas musicais na pauta, saber quantas e quais figuras de duração preenchem um compasso e, fundamentalmente, poder usar tudo isso para, após algum estudo, conseguir tocar a música representada naquela partitura.

O segundo nível está além. É preciso reconhecer todos os elementos previstos para o primeiro, porém, diante de uma partitura, é necessário tocar, cantar ou até mesmo ouvir mentalmente os sons que estão ali representados, ou seja, sonorizar a escrita. Esse é o nível que chamamos de *fluência*, e um caminho para alcançá-la será proposto aqui neste capítulo por meio de reflexões e muita sugestão de prática.

6.1 Pressupostos para uma leitura musical eficiente

O aspecto da fluência na leitura tem certo grau de relatividade. Analogamente à comunicação, podemos ser mais ou menos fluentes em uma língua dependendo de nossa inserção em ambientes em que ela seja praticada. Quando se trata de nossa própria língua materna, podemos considerar, por exemplo, que somos fluentes na leitura de textos de jornal sobre cultura, mas não daqueles constantes no caderno de economia, em virtude da presença de termos desconhecidos que tornem nossa leitura truncada. Assim é na música: sempre haverá novos signos a serem aprendidos, além de práticas positivas para aprimorar o processo de leitura.

Afirmar que é preciso treinar chega a ser redundante a esta altura. A novidade deste capítulo é que apresentaremos alguns estudos na área da cognição musical capazes de trazer orientações importantes ao estudante de música para otimizar a prática da leitura.

O processo de aprendizado de leitura e escrita musical, segundo Edwin Gordon, pode ser conduzido por dois sistemas distintos:

> Em síntese, podemos admitir que Gordon contempla dois sistemas ou maneiras de se aprender música, que devem ser trabalhados a partir de uma estrutura sequencial e progressiva de conteúdos programáticos: o sistema por **discriminação** (onde os alunos imitam e comparam) e o sistema por **inferência** (onde os alunos descobrem soluções próprias para atividades musicais). (Risarto; Lima, 2010, p. 96, grifo nosso)

O sistema por discriminação é divido em cinco níveis. No primeiro deles, o aural/oral, ocorre a simples distinção de padrões rítmicos e melódicos evidenciada pela sua audição e posterior repetição. No segundo, ocorre a representação auditiva por meio de sílabas ou do uso do nome das notas. O terceiro é a síntese parcial, em que ocorre o discernimento oral de tonalidades e compassos binários, ternários e quaternários. O quarto é a associação simbólica, em que se inicia o processo de leitura e escrita. No quinto, ocorre a síntese composta, em que já é possível perceber a **audiação**, tradução de *audiation*, termo criado por Edwin Gordon em 1980, que consiste na capacidade de ouvir e compreender musicalmente o som quando ele não está fisicamente presente (Caspurro, 2007).

Em contrapartida, aprender leitura e escrita musical por inferência significa primeiro dominar a técnica do instrumento e depois, ao tomar contato com aspectos teóricos, ser capaz de aplicá-los imediatamente à prática musical.

Em outras palavras, um dos processos, a discriminação, remonta aos primórdios da experiência musical da criança e introduz a leitura e a escrita após o acúmulo de uma pequena base conceitual; o outro, a inferência, refere-se a alunos que já contam com certa *expertise* musical. Ambos se desenvolvem com vistas à audiação e às possiblidades de fluência na leitura que ela favorece.

Além de analisarmos como ocorre o processo de aprendizagem da leitura musical, vamos discutir mais objetivamente alguns fatores que podem contribuir para uma leitura musical eficiente.

6.1.1 Habilidade ocular

Tudo o que somos capazes de captar com a visão em dado instante é chamado de **campo ocular**. Contudo, quando lemos, nem tudo o que é captado pelos olhos é capaz de ser focado. Apenas uma pequena área, de cerca de uma polegada de diâmetro, ou 2,54 cm, representa o foco. A essa pequena região focal chamamos de **fóvea** (Fireman, 2010, p. 34).

Para que a fóvea registre uma informação, primeiro os olhos se movimentam circularmente para encontrar o ponto focal. Esse processo é denominado **fixação** e tem duração média entre 100 e 500 ms. Após a fixação acontece a **sacada**, que é o registro da imagem. Esta, um pouco mais curta, leva em torno de 50 ms (Fireman, 2010).

É possível, entretanto, apreender informações ao redor da fóvea e realizar os movimentos de fixação e sacada em tempos menores.

O diâmetro da fóvea equivale aproximadamente ao espaço que ocupa um compasso na partitura. Podemos criar uma imagem maior que isso artificialmente por meio da memória visual das fixações que fizemos no entorno. Quanto mais fixações sacadas, maior será a imagem da partitura que construiremos em nosso cérebro.

A visão pode se movimentar horizontalmente ou verticalmente durante a leitura musical. Um pianista, por exemplo, vai ler em duas pautas. Suas fixações saltam entre uma e outra, construindo uma imagem do todo.

Além disso, reconhecer determinados padrões rítmicos e melódicos ajuda nesse processo de antecipar o entendimento do texto musical. Essas estruturas conhecidas, aliás, podem ser compreendidas sem sequer serem fixadas em sua totalidade, analogamente ao que ocorre quando lemos um texto e reconhecemos palavras em vez das letras isoladamente. Existe, a propósito, um nome para essa estrutura mínima reconhecida: o *chunking*.

> no caso da música, não se leem notas, mas pequenos motivos: esses motivos vão formando as frases musicais que poderiam ser consideradas uma unidade para o leitor. O termo frequentemente utilizado para isso em inglês é *"chuncking"*. Estas unidades em

música podem ser uma escala, um acorde, ou blocos harmônicos, reconhecidos como padrões musicais. (Risarto; Lima, 2010, p. 101)

Com frequência, esses *chunkings* coincidem exatamente com os motivos que estudamos no capítulo anterior, o que evidencia sua importância para a leitura musical.

6.1.2 Natureza do material musical

A forma como se apresenta a partitura, que, muitas vezes, pode estar ligada às características do instrumento musical, interfere no comportamento ocular. Já comentamos o exemplo do piano.

No entanto, mesmo as partituras de piano podem apresentar diferentes graus de complexidade entre si. Uma música com progressões harmônicas e melodia simples precisa de menos pontos de fixação que outra menos previsível do ponto de vista melódico-harmônico.

Nas partituras para violão, as notas mais graves, ou linhas de baixo, são representadas na mesma pauta que as demais notas. Nesse caso, apesar de a fóvea ser capaz de abarcar todas as notas, é preciso que o violonista reconheça a polirritmia existente entre as regiões mais graves e agudas do instrumento.

Historicamente, a escrita musical se desenvolveu em função da ocupação dos espaços na partitura. Deslocamentos verticais representam variação na altura, e as representações ao longo de eixos horizontais se relacionam ao tempo. No sistema de notação atual, há representações que podem ser musicalmente simples, mas espacialmente ou visualmente complexas. Na verdade, há quatro possibilidades em ordem crescente de dificuldade: **musicalmente e visualmente simples**; **musicalmente simples e visualmente complexa**; **musicalmente complexa e visualmente simples**; e **musicalmente e visualmente complexa**. A seguir, apresentamos quatro compassos que correspondem, respectivamente, a essas possibilidades.

Figura 6.1 – Complexidade musical e visual

Essa percepção de maior ou menor complexidade é relativa ao nível de experiência do musicista e também pode evoluir ao longo do tempo com a da prática e o treino da leitura.

6.1.3 Memória

Embora o funcionamento da memória ainda pareça um assunto permeado por mistérios, há um modelo aceito pela comunidade científica que divide os processos mnemônicos em três tipos: memória sensorial, memória de curto prazo e memória de longo prazo.

Resumidamente, a **memória sensorial** é responsável pela percepção inicial e decodificação das informações por meio de algum **estímulo** auditivo, visual, tátil, entre outros. Após uma **atenção seletiva**, que escolhe a parte pertinente do estímulo, a informação pode ser armazenada temporariamente na **memória de curto prazo**, ou **de trabalho**. Depois disso, a informação pode ser descartada ou armazenada na **memória de longo prazo**, que também apresenta um tempo limitado, embora maior, de armazenamento. Esse tempo pode ser estendido a cada vez que houver a **recuperação** da informação pela memória de trabalho e, consequentemente, seu novo armazenamento na memória de longo prazo. Esse modelo pode ser mais bem compreendido observando-se a figura a seguir.

Figura 6.2 – Esquema de funcionamento da memória humana

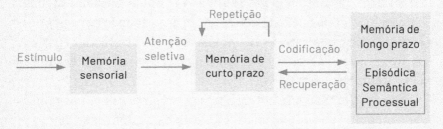

É possível observar também na Figura 6.2 que a memória de longo prazo se divide em três tipos. A memória **episódica** é aquela relacionada a acontecimentos, eventos, datas etc. A **semântica** armazena a base conceitual do indivíduo. Já a **processual** dá conta das informações sobre "como fazer". É nesta última que se encontram as lembranças sobre como tocar um instrumento ou cantar mediante a utilização de determinada técnica.

Na leitura musical, podemos identificar alguns desses processos mnemônicos. Durante a execução de uma peça, usamos a memória de curto prazo para fixar elementos, como os motivos, que se repetem ao longo dela. Ao mesmo tempo, os símbolos musicais e sua técnica de execução são recuperados da memória de longo prazo e repetidos pela memória de curto prazo. As novas combinações entre signos musicais reiteradas vezes também podem ser codificadas e armazenadas em forma de *chunking* na memória de longo prazo.

A memória de longo prazo é ativada quando o leitor pratica a audiação. Porém, toda vez que o som se materializa, a música que se imaginou é posta à prova. Em muitos casos, o que soava na mente pode ser diferente daquilo que soou na prática. Assim, o cérebro é capaz de fazer correções mnemônicas, recodificando os elementos que apresentaram distorções entre a audiação e a audição.

Outro conceito relevante, decorrente desse modo de entender a memória, é o de **distância perceptiva**. Na prática, ela corresponde à diferença entre o que está sendo lido (e armazenado na memória de trabalho) e o que está sendo tocado. Se o musicista for capaz de ler um compasso à frente, será essa sua distância perceptiva, que, com o treinamento, pode ser ampliada.

Todo esse arcabouço teórico ajuda a compreender o funcionamento cognitivo do processo de leitura musical. Com base nele, alguns teóricos relevantes da cognição musical tecem suas recomendações para incrementar as habilidades de quem lê música.

6.1.4 Sloboda

John Anthony Sloboda é tido mundialmente como uma das principais referências no campo da psicologia da música. Um de seus objetos de estudo é justamente a leitura musical. Em seu livro *Explorando a mente musical*, ele sugere diretrizes para os musicistas melhorarem suas habilidades de escrita (Fireman, 2010, p. 59-60):

1. Desenvolver a sensibilidade musical e acumular experiências práticas musicais antes de iniciar as atividades de leitura. É o mesmo processo que se observa no aprendizado linguístico: falar primeiro e, depois, ler e escrever.
2. Conhecer a forma e o estilo musical e, com isso, poder prever os acontecimentos musicais recorrentes que a peça pode apresentar.

3. Buscar a associação direta entre a nota escrita e o gesto que ela exige para ser entoada no instrumento.
4. Ler em pequenas unidades em vez de nota a nota – ideia consonante com a noção de *chunking*.
5. Cabe ao professor fomentar o sentimento de necessidade de desenvolvimento da leitura à primeira vista, criando situações em que ela seja necessária.

A seguir, veremos as recomendações de mais dois importantes teóricos da psicologia da música.

6.1.5 Lehmann e McPherson

Em artigo para a publicação *The Science and Psychology of Music Performance*, da Universidade de Oxford, Andreas C. Lehmann e Gary E. McPherson apresentam suas sugestões por meio do apontamento de possíveis problemas e suas soluções (Fireman, 2010, p. 60-62):

1. **Como aprender padrões**. Novamente se mencionam os *chunkings*. A sugestão é que inicialmente se fale o nome das notas, sem preocupação rítmica, com a intenção de identificar padrões melódicos.
2. **Como aprimorar a execução rítmica**. Os autores sugerem quatro ações:

   - "bater" em uma superfície apenas as divisões rítmicas da melodia;
   - desenhar linhas verticais indicando o alinhamento das notas;
   - utilizar o metrônomo ou *playback* para a manutenção do andamento;
   - praticar em conjunto.

3. **Como aprimorar as articulações e dinâmicas**.
   A recomendação é registrar as *performances* e fazer uma
   autoavaliação quanto a esse quesito.
4. **Como evitar as interrupções na *performance***. Os autores
   chamam essas paradas e o retorno a um ponto anterior da
   partitura de "gaguejar". É preciso usar estratégias que não
   permitam esse comportamento, como utilizar o metrônomo
   ou um *playback* novamente.

Além dessas sugestões, eles também recomendam não desviar
os olhos da partitura e ouvir o maior número de obras relacionadas
à música objeto da leitura.

Certamente, o conhecimento sobre o estilo musical e o acúmulo
de um repertório de *chunkings* são recomendações consensuais
entre a maioria dos teóricos. A primeira decorre da prática da
escuta musical e a segunda, da prática da escrita musical, na qual
pretendemos iniciá-lo nas próximas seções.

6.2 Exercícios de leitura na escala maior

O desenvolvimento teórico descrito na seção anterior evidencia,
entre outros aspectos, a importância de se ouvir mentalmente a
música – a chamada *audiação*. Tendo-a como meta e considerando
que você está iniciando na leitura musical, apresentaremos uma
prática preliminar de **solfejo** nesta e nas próximas seções.

Solfejar consiste em cantar as notas musicais, utilizando-se,
preferencialmente, o nome das notas associado à sua altura.

Tomando como base as recomendações de Lehmann e McPherson, iniciaremos com o solfejo somente das alturas sonoras. Posteriormente, consideraremos apenas o ritmo e, por último, a associação entre ritmo e melodia.

Pensando numa ordem crescente de complexidade, iniciaremos pelos exercícios em escalas maiores, já que é bem possível que você já tenha certa familiaridade com elas.

Antes de começarmos, entretanto, devemos fazer algumas observações:

- É importante que você tenha um instrumento musical como apoio e para conferir as afinações das notas entoadas. Assim, ao mesmo tempo que é feito o treino de solfejo, pratica-se a leitura no instrumento.
- Os exercícios serão divididos em séries. Passe à próxima série apenas depois de dominar a atual.
- As alturas serão representadas por semibreves, porém não é necessário que elas tenham quatro pulsos. Sustente apenas um pulso por nota, mas escolha um andamento lento no início, próximo de 60 bpm.
- Algumas notas serão substituídas por um X. Quando isso ocorrer, omita a nota, cantando-a mentalmente.
- As alturas serão representadas em duas pautas – em clave de Sol e em clave de Fá – com uma oitava de diferença. Isso favorece alguns instrumentos e as vozes de baixo que utilizam a clave de Fá. Além disso, os pianistas podem utilizar as séries para treinar as duas mãos, embora, provavelmente, elas sejam muito elementares para eles.

Sendo essas as considerações necessárias, vamos às três primeiras séries dos exercícios de leitura em escalas maiores.

Figura 6.3 – Exercício de leitura em escalas maiores – série 1

Figura 6.4 – Exercício de leitura em escalas maiores – série 2

Figura 6.5 – Exercício de Leitura em Escalas Maiores – série 3

As séries 1 a 3 servem para treinar a leitura das alturas apenas até o terceiro grau da escala maior. Iniciam com graus conjuntos e logo propõem saltos de terça, primeiro omitindo uma nota e, em seguida, suprimindo-a. Quando você não encontrar mais dificuldade nesses exercícios, siga para os próximos três.

Figura 6.6 – Exercício de leitura em escalas maiores – série 4

Figura 6.7 – Exercício de leitura em escalas maiores – série 5

Figura 6.8 – Exercício de leitura em escalas maiores – série 6

As séries 4 a 6 apresentam uma lógica parecida com a das anteriores, porém as frases ascendentes são intercambiadas com as descendentes. Investir um bom tempo nos três primeiros graus é necessário para sustentar com segurança os demais. Passemos para a série 7.

Figura 6.9 – Exercício de leitura em escalas maiores – série 7

Nessa série, temos a apresentação do quarto grau. No primeiro compasso, ele aparece na ascendente e, no segundo, na descendente. O terceiro une as duas formas.

Provavelmente, você não teve dificuldade com essa série. Siga para a próxima.

Figura 6.10 – Exercício de leitura em escalas maiores – série 8

Essa série explora os graus dois a dois, criando um elemento chamado **bordadura**. A bordadura é uma construção melódica obtida por variação de altura em grau conjunto abaixo ou acima da nota principal. Quando a variação ocorre em grau conjunto acima, trata-se de **bordadura superior** e, quando acontece em grau conjunto abaixo, o caso é de **dobradura inferior**. Vejamos a próxima série.

Figura 6.11 – Exercício de leitura em escalas maiores – série 9

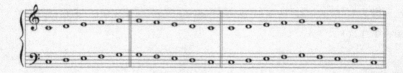

A série 9 já apresenta o quinto grau da escala, da mesma maneira que apresentou o quarto. Mais uma vez, você deve ter cantado de Dó a Sol em graus conjuntos sem muita dificuldade. Sigamos adiante.

Figura 6.12 – Exercício de leitura em escalas maiores – série 10

A exemplo da série 9, esta última também explora as bordaduras, desta vez até a nota Sol. Repare que esse pode ser um bom treino para a percepção de intervalos de segunda, maiores e menores, ascendentes e descendentes. Vamos às duas próximas.

Figura 6.13 – Exercício de leitura em escalas maiores – série 11

Figura 6.14 – Exercício de leitura em escalas maiores – série 12

A série 11 é apenas a apresentação do sexto grau. Na série 12, já temos o treino de um salto de terça maior. O primeiro compasso suprime a nota Sol da escala por graus conjuntos. Em seguida, no segundo compasso, esse salto é reiterado, mas na forma descendente. No terceiro compasso, são retomadas apenas as três notas mais agudas da série e, no quarto, o salto entre Fá e Lá deve ser praticado novamente.

Com essas 12 séries, podemos identificar algumas técnicas para composição de exercícios de solfejo e leitura de alturas, como:

- apresentar os graus da escala paulatinamente;
- omitir notas para cantá-las mentalmente e depois suprimi-las, gerando intervalos diferentes das segundas e de forma crescente;

- utilizar bordaduras para fixar as relações de altura entre notas vizinhas.

Como esta publicação não se constitui em um livro de solfejo, você pode criar os próprios exercícios, pelo menos até o sétimo grau. Por ora, vejamos como este treino se explica ao modo menor.

6.3 Exercícios de leitura em escalas menores

Como vimos, existem três escalas menores que poderíamos utilizar aqui. Como o caráter deste treinamento é apenas inicial, vamos usar apenas a escala menor natural.

As considerações são as mesmas da seção anterior. Assim, vamos diretamente aos exercícios.

Figura 6.15 – Exercício de leitura em escalas menores – série 1

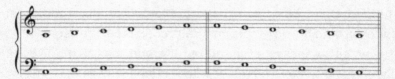

Partimos, no caso do modo menor, de um ponto mais avançado do treinamento: a apresentação do sexto grau. É possível que já não tenha sido tão natural cantar essa sequência de notas quanto o foi no modo maior. Caso isso ocorra, lembre-se de treinar os três primeiros graus primeiramente; depois, vá acrescentando um a um até chegar ao sexto.

Talvez demore um tempo para você se acostumar com essa sonoridade. Conte com o auxílio de um instrumento e aprenda a cantar músicas em modo menor, como a cantiga popular *Se esta rua fosse minha*. Depois de devidamente familiarizado com essa escala, siga para a próxima série.

Figura 6.16 – Exercício de leitura em escalas menores – série 2

A série 2 reafirma o sexto grau por meio de uma bordadura inferior. Se você superou a série anterior, não deve ter encontrado dificuldade nesta. Sigamos adiante.

Figura 6.17 – Exercício de leitura em escalas menores – série 3

Nessa série, é criado um salto de terça por meio da supressão da nota Mi. A terça menor entre o quarto e o sexto graus é repetida em três dos quatro compassos da série. Se você conseguiu executar esse salto satisfatoriamente, siga para a próxima série.

Figura 6.18 – Exercício de leitura em escalas menores – série 4

A série 4 aborda uma estratégia diferente das vistas até aqui. Ela se concentra nas cinco notas mais agudas das séries anteriores, ou seja, omite o primeiro grau. Não é um exercício fácil. Conte com o apoio de seu instrumento e siga para o próximo.

Figura 6.19 – Exercício de leitura em escalas menores – série 5

Com as mesmas notas do exercício anterior, essa série começa treinando saltos de terça com o acorde de B°. O último compasso tem uma regra de formação bem clara: terça descendente e segunda ascendente. Os exercícios estão ficando cada vez mais complexos, mas suas habilidades também estão crescendo. Vamos adiante.

Figura 6.20 – Exercício de leitura em escalas menores – série 6

Figura 6.21 – Exercício de leitura em escalas menores – série 7

Figura 6.22 – Exercício de leitura em escalas menores – série 8

Estas três últimas séries acrescentam o sétimo grau, sendo que as duas primeiras delas apresentam e confirmam essa nota nova. A série 8 se concentra na região mais aguda da escala, também como forma de exercitar o sexto e o sétimo graus.

A escala menor não soa tão familiar quanto a maior, mas ainda assim conhecemos algumas melodias compostas a partir dela. O domínio dessa escala facilitará o treino das outras escalas menores.

Além disso, as relações intervalares possíveis dentro das duas escalas trabalhadas até aqui são as mesmas vistas em outras escalas. Portanto, esse treino preliminar de alturas abre o acesso para vários caminhos possíveis.

Na sequência, vamos explorar um pouco a parte rítmica da leitura musical.

6.4 Exercícios de leitura rítmica

Ao longo deste livro, tratamos, direta ou indiretamente, do ritmo como uma questão de divisão do tempo. Este será o enfoque no início do treino rítmico: aprender a dividir as unidades de tempo dentro de um compasso.

Não há uma maneira única de praticar os exercícios, o que é uma vantagem, pois, sendo possível variar as formas, o treinamento fica menos monótono.

A maneira mais usual de praticá-los é marcar o pulso de forma percussiva. Bater uma das mãos ou uma caneta sobre a mesa é um meio bastante utilizado. Mas você pode bater palmas, estalar os dedos, bater os pés no chão e até usar um instrumento de percussão. É importante que o primeiro tempo de cada compasso soe mais forte que os demais, pois esse é o acento natural da música.

Outra forma de marcar os pulsos é reger a música. Existem várias escolas e diversos tipos de regência. Não vamos nos aprofundar nisso, mas podemos antecipar algumas sequências de gestos que podem ser utilizados para reger as fórmulas de compasso contidas nos exercícios.

Para reger compassos quatro por quatro, a sequência habitual é: começar com a mão para cima, braço alinhado com o ombro; movimento enfático para baixo no tempo um; movimento em direção ao braço oposto no tempo dois; movimento para o outro lado, saindo do alinhamento com o ombro, no tempo 3; e movimento para cima no tempo 4. Esse padrão está representado na figura a seguir.

Figura 6.23 – Padrão de regência 4 por 4

Seguindo a mesma ideia, apresentamos nas próximas figuras as sequências de movimentos para compassos ternários e binários.

Figura 6.24 – Padrão de regência 3 por 4

Figura 6.25 – Padrão de regência 2 por 4

Frisamos ainda que esses padrões não são unanimidade e eles figuram neste capítulo apenas como sugestão. Aprendê-los não significa que você já esteja apto a se tornar um regente, pois a regência é uma matéria que engloba uma diversidade muito maior de conhecimentos.

Por fim, para a leitura dos valores rítmicos, o mais comum é o uso da voz, pois, com ela, podemos entoar sons das mais variadas durações. O usual é utilizar as sílabas *tá* ou *pá*. A consoante ajudará na precisão do ataque da nota e a vogal possibilitará a sustentação do som.

O fato de o uso da voz ser eficiente não exclui a possibilidade de se efetuar o treino com algum instrumento, desde que ele possa sustentar sons por quatro pulsos, pelo menos.

Assim, iniciaremos esta introdução ao treinamento rítmico com uma série dividida em quatro partes.

Figura 6.26 – Exercício de leitura rítmica – série 1

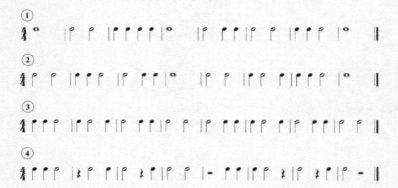

Na parte 1 dessa série, em sua primeira metade, inicia-se apenas dividindo as durações. Na segunda metade, a ideia é similar, porém, nos compassos ímpares, divide-se apenas uma das mínimas, criando assim compassos preenchidos por figuras distintas, em posições diferentes. Se for necessário, divida essa linha ao meio e pratique cada seção de modo separado. Ao compreendê-las separadamente, junte-as novamente para ouvir o todo.

A primeira metade da parte 2 apenas inverte a ordem dos compassos da segunda metade da parte 1. A ideia é sentir a diferença sonora causada por essa inversão. Na segunda metade dessa parte, a novidade é um compasso no qual a mínima fica disposta entre duas semínimas. Novamente, valem as recomendações da parte 1.

A parte 3 une todas as possibilidades de associação entre uma mínima e duas semínimas preenchendo um compasso. Tente ler toda essa linha direto, sem dividi-la. Comece a perceber que, com a prática sucessiva, as três combinações apresentadas tendem a se tornar *chunkings* rítmicos.

A parte 4 é uma cópia da anterior, porém agora alguns dos valores são substituídos por pausas correspondentes, suprimindo-se algumas notas da série. Faça um estudo em cascata dessa parte, ou seja, treine os dois primeiros compassos, depois agregue o terceiro, em seguida o quarto, e assim por diante.

É preciso, desde já, cantar as pausas com precisão. A nota que precede uma pausa deve durar exatamente até o início dela. Tendo esse aspecto bem resolvido, o musicista terá mais facilidade na sincronia em práticas em conjunto.

A próxima série tem cinco linhas, as quais serão analisadas uma a uma.

Figura 6.27 – Exercício de leitura rítmica – série 2

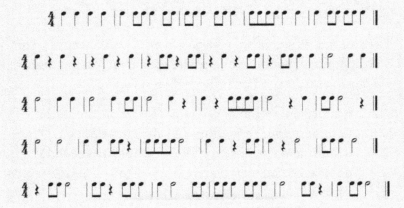

A primeira linha dessa série apresenta possibilidades de divisão de semínimas em colcheias. Como o número de combinações, nesse caso, é maior, nem todas as possibilidades são apresentadas nessa linha. O estudo em cascata novamente é recomendado para esse exercício.

Na segunda linha aparecem as pausas de semínima. Não é uma substituição exata da linha anterior, portanto tenha atenção e resolva a leitura um compasso por vez.

As últimas linhas apresentam uma ideia similar, porém nelas há uma associação mais recorrente de semínimas e colcheias com mínimas. Alguns compassos da série anterior reaparecem e outros novos surgem.

Como sugestão, depois de exercitar todas as linhas, tente uma leitura da série toda e , depois, siga para a próxima.

Figura 6.28 – Exercício de leitura rítmica – série 3

A série 3 traz as semicolcheias para o estudo. Além disso, a fórmula de compasso mudou. A complexidade aumenta e, por isso, ela é dividida em oito partes dignas de análise individual:

1. A série inicia retomando elementos da série anterior.
2. Esta é uma variação da parte 1. As colcheias se subdividem em semicolcheias, e a nota do segundo compasso fica mais curta com a adição de uma pausa de semicolcheia.
3. A parte 3 é similar à anterior, acrescentando-se apenas a divisão da semínima.
4. Aqui há uma alternância entre as unidades de tempo em relação à parte 2.

5. O primeiro compasso é preenchido apenas por semicolcheias, e os dois seguintes são praticamente iguais entre si, diferenciando-se apenas pela duração da última nota.
6, 7 e 8. Não apresentam novidades e apenas alternam os elementos apresentados até aqui para exercitá-los.

Depois de ter dominado cada parte em separado, leia a série completa, *da Capo al Fine*, e siga para o próximo exercício.

Figura 6.29 – Exercício de leitura rítmica – série 4

A série 4 é uma continuação da série 3. Uma das diferenças é que agora temos um compasso ternário. Exceto isso, as figuras formadas em cada unidade de tempo são as mesmas das séries anteriores, então você será capaz de estudar as partes em separado e depois uni-las, se for preciso, em cascata.

Esta foi apenas uma demonstração de como funciona o treinamento rítmico em publicações específicas. Os exemplos dados aqui seguem uma linha mais ortodoxa do treinamento rítmico. Há outras linhas, mais voltadas ao desenvolvimento da percepção, que apresentam um enfoque diferenciado. Isso será abordado ao final do livro, na seção "Álbuns comentados".

Mas antes de seguir adiante, há ainda algumas composições entre colcheias e semicolcheias que você precisa saber fazer para poder resolver os exercícios da próxima etapa.

Figura 6.30 – Combinações entre colcheias e semicolcheias dentro da unidade de tempo

Essas três combinações entre colcheias e semicolcheias podem ser pensadas como uma derivação do grupo de quatro semicolcheias. Duas delas ligadas são equivalentes a uma colcheia. Se você tiver dificuldade, pode começar cantando as colcheias retirando a consoante da segunda nota da ligadura, por exemplo, cantando *tá-á*. Repita várias vezes sucessivas cada uma das três combinações até que seja possível fundir as notas ligadas. Alterne as figuras para formar ritmos diferentes. Se possível, conte com o auxílio de um colega que vá apontando as combinações enquanto você as reproduz.

Apenas para relembrar algo que foi comentado brevemente no Capítulo 4, a figura obtida pela combinação 3 é a síncope característica – figura rítmica essencial para o desenvolvimento dos ritmos das Américas.

Agora, você está pronto para ir adiante e unir o ritmo às alturas sonoras.

6.5 Exercícios de leitura rítmico-melódica

O treinamento preliminar que as próximas séries apresentam visa proporcionar uma visão geral das possibilidades de treino de leitura melódica, unindo o ritmo às alturas sonoras. As recomendações apontadas nas seções anteriores também valem para a execução das séries que seguem.

Figura 6.31 – Exercício de leitura melódica – série 1

A série 1 pode ser considerada um aquecimento. Utilizar apenas figuras coincidentes com o pulso é a forma mais natural de solfejar. As pausas vão dificultar um pouco o exercício, mas não é nada que o impeça de ler toda a série nas primeiras tentativas e sem "gaguejar".

Figura 6.32 – Exercício de leitura melódica – série 2

Nessa segunda série, a dificuldade pouco aumenta. Haverá a associação da mínima com a semínima, mas a sucessão das notas em graus conjuntos mantém o exercício num patamar de dificuldade baixo.

Figura 6.33 – Exercício de leitura melódica – série 3

Nessa série, aparecem os saltos de terça. No início, esses saltos são intercalados por pausas. Se você sentir necessidade, cante mentalmente o grau conjunto que estaria ali no lugar da pausa. Mais adiante, os saltos reaparecem, mas sem as pausas.

Figura 6.34 – Exercício de leitura melódica – série 4

A série 4 é dividida em quatro partes distintas, em ordem crescente de dificuldade.

A parte 1 é semelhante às séries anteriores e está estrategicamente disposta para possibilitar a recapitulação e a preparação para os outros exercícios.

Na parte 2, há um aumento da complexidade a partir da adição das colcheias. Poderia haver um exercício intermediário no qual as semínimas da primeira parte fossem divididas em colcheias de mesma altura. Pulamos esse passo, mas você pode fazê-lo com base na parte 1.

Ainda na parte 2, temos alguns saltos de terça, e a novidade é o salto de quinta descendente no último compasso. É possível que você não tenha dificuldade com ele, mas, se tiver, considere que esse é o final de uma música. Grande parte delas termina na tônica, e sua memória musical provavelmente vai incitá-lo a terminar a frase na nota Dó.

Na parte 3, a recorrência de saltos de terça aumenta. Pausas também aparecem, e a melodia alcança até o sexto grau. É possível que você precise estudá-la em cascata, mas não deixe de fazer sua leitura integral, pois ela apresenta uma certa coerência que pode nos fazer percebê-la como a melodia de uma música. Na última fase dessa leitura, tente interpretá-la, até mesmo cantando com outras sílabas, em vez dos nomes das notas musicais.

A parte 4 introduz outros elementos rítmicos, como as ligaduras e as figuras de combinação entre colcheia e semicolcheia vistas na Seção 6.4. No meio do exercício, há um **arpejo** descendente do acorde de Dó Maior. O arpejo ocorre quando tocamos as notas de um acorde em sequência, incluindo ou não sua oitava. Ao final da parte 4, há uma construção melódica, em caráter de exercício, envolvendo as combinações entre colcheias e semicolcheias.

Esse breve treinamento melódico o credenciará a fazer leituras de trechos musicais simples. Para avançar em seus estudos, recomendamos o treinamento contínuo baseado nas indicações apresentadas na seção "Álbuns comentados".

Resumo da ópera

Dedicamos o Capítulo 6 exclusivamente à prática da leitura musical, embora as sugestões de criar os próprios exercícios favoreçam igualmente a prática da escrita.

Iniciamos com uma revisão teórica no nível da psicologia da música, a fim de fornecer subsídios para a reflexão sobre uma leitura eficiente. Nessa revisão, destacamos alguns conceitos que ajudam a entender melhor o funcionamento da mente musical que lê e interpreta música.

A audiação acontece quando o leitor ouve o que está escrito antes mesmo de fazer soar; com ela é possível antecipar a leitura.

A habilidade ocular depende da velocidade dos processos de fixação da fóvea e sacada. Também se pode estender a região de tomada de informações para além da fóvea.

As estruturas mínimas para a leitura devem ser os *chunkings*, os quais se constituem em conjuntos de símbolos musicais que somos capazes de ler por inteiro, como palavras, e não nota a nota.

A complexidade do material afeta a velocidade de leitura, porém está também diretamente ligada ao nível de conhecimento teórico e prático musical.

Entender o funcionamento das memórias sensorial, de curto prazo e de longo prazo igualmente ajuda no processo de leitura.

Além disso, vimos algumas recomendações de teóricos da psicologia musical, entre as quais se destacam o conhecimento sobre o estilo musical da peça lida e o acúmulo de um repertório de *chunkings*. Com essa base teórica, criamos parâmetros para os exercícios.

Teste de som

1. Sobre a habilidade ocular, analise as seguintes afirmativas:
   I) O centro focal da visão é chamado de *fóvea* e tem cerca de 2,5 cm de diâmetro.
   II) Com treino, é possível reter informações da parafóvea.
   III) As fixações levam, em média, 100 a 500 ms.

   Agora, assinale a alternativa correta:

   a) Apenas as afirmativas I e II estão corretas.
   b) Apenas as afirmativas II e III estão corretas.
   c) Apenas as afirmativas I e III estão corretas.
   d) Todas as afirmativas estão corretas.
   e) Nenhuma das afirmativas está correta.

2. Faça a leitura a seguir e reconheça a música:

   Figura 6A

   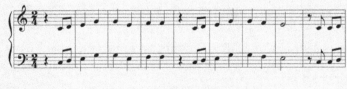

   a) *Marcha soldado.*
   b) *Escravos de Jó.*
   c) *Asa branca.*

d) *Se esta rua fosse minha.*
e) *A linda rosa juvenil.*

3. Faça a leitura a seguir e reconheça a música:

Figura 6B

a) *O cravo e a rosa.*
b) *O sapo não lava o pé.*
c) *Se esta rua fosse minha.*
d) *Marcha soldado.*
e) *Nona Sinfonia* (Beethoven).

4. Faça a leitura a seguir e reconheça a música:

Figura 6C

a) *Atirei o pau no gato.*
b) *Ciranda, cirandinha.*

c) *Asa branca.*
d) *O cravo e a rosa.*
e) *Marcha soldado.*

5. Faça a leitura a seguir e reconheça a música:

Figura 6D

a) *Ciranda, cirandinha.*
b) *Marcha soldado.*
c) *Atirei o pau no gato.*
d) *Noite feliz.*
e) *O cravo e a rosa.*

 Treinando o repertório

Pensando na letra

1. Nas leituras musicais que você fez nas atividades anteriores, você detectou a presença de *chunkings*?

2. Também nessas leituras, você experimentou a audiação?

Som na caixa

1. Solfeje as canções das atividades 2 a 5 para seus pares e veja se eles as reconhecem quando entoadas sem o texto. Reflita sobre o resultado.

FECHAM-SE AS CORTINAS

Há um fato curioso neste livro. Todas as construções musicais, não só da cultura ocidental, derivam da série harmônica. Durante a leitura, você parou para questionar por que ela foi mencionada apenas no Capítulo 5?

A resposta é simples. Para entender a série harmônica do ponto de vista musical, são necessários alguns temas preliminares, como a representação das alturas na pauta e a noção sobre intervalos. Para discutirmos os assuntos que emergiram desse conteúdo, precisamos apresentar as escalas e os modos. Por isso, tivemos de buscar promover todo um desenvolvimento teórico-musical antes de chegar à base da própria elaboração teórico-musical. Voltar ao início do livro e rever alguns conceitos sabendo de sua real origem é um *looping* que vale a pena fazer, nem que você se disponha a fazê-lo simplesmente por meio da releitura das sínteses dos capítulos.

Para definirmos a organização dos capítulos deste livro, levamos esse aspecto em consideração. A ordem dos temas aqui apresentados também pode ajudá-lo a organizar a bagagem teórico-musical acumulada anteriormente. Afinal, é comum que em nossas aprendizagens musicais informais tenhamos acesso a conteúdos esparsos e desconexos.

A partitura é a forma de notação musical capaz de dialogar entre os mais diversos instrumentos. Mencionamos a existência de outros sistemas, como a tablatura e as cifras. Alertamos sobre suas limitações, mas também demonstramos que, considerando-se a complexidade e a diversidade de símbolos da partitura, às vezes é preciso recorrer a sistemas que, mesmo limitados, propiciem a prática da escrita e da leitura desde as primeiras aulas de determinados instrumentos.

Para além dessa situação, é possível incrementar esses sistemas para ampliar suas possibilidades. Vejamos o exemplo da tablatura e sua falta de informações rítmicas. Para minimizar essa limitação, existe uma variação desse sistema chamada *tablatura francesa*. Nela, uma figura de duração, como colcheia ou semicolcheia, é representada acima das linhas, indicando que, daquele ponto em diante, as notas terão aquele valor. Sempre que for necessário mudar a duração das notas, uma nova figura será representada na parte superior da tablatura. Nesse sistema, a fórmula de compasso também é representada no início da música.

Com base nesse exemplo, esperamos que você compreenda que os sistemas de notação não são imutáveis – eles estão sempre se adaptando às necessidades que a música impõe. A partitura não difere de nenhum outro sistema nesse aspecto, e compositores, arranjadores, copistas, intérpretes e estudiosos estão sempre criando novos símbolos para suprir as novas necessidades que a música de nossos tempos exige.

Essa é uma das razões pelas quais podemos afirmar que, neste livro, você não encontrará todos os elementos representativos das estruturas musicais. Provavelmente, em algum tempo, você vai se deparar com algum símbolo desconhecido em suas leituras, se é que isso não aconteceu ainda. Para essas situações, você poderá recorrer à nossa bibliografia comentada. Se, ainda assim, não encontrar a explicação para o símbolo, você terá de buscar outras formas de complementar seus conhecimentos, como a consulta a colegas, professores e profissionais dedicados ao seu instrumento. Encare isso de forma natural, em face do dinamismo com que a música é capaz de se transformar.

Este livro também demonstrou que a disciplina de leitura e escrita musical (LEM) não é uma construção isolada. Para entendermos a natureza dos sons por ela representados, recorremos à acústica. A origem da simbologia é diretamente ligada à história da música. A natureza desses símbolos está relacionada a outros campos, como harmonia, contraponto e arranjo. Já as práticas de leitura andam de braços dados com a disciplina de percepção musical. Este livro de leitura e escrita musical dialogou com todas essas matérias e mais algumas, tecendo uma teia interdisciplinar que não resultou em uma publicação meramente técnica, mas também reflexiva.

Pensando nisso, elaboramos as atividades propostas ao final dos capítulos com a preocupação de proporcionar a aplicação do conteúdo técnico e fomentar a reflexão sobre os vários temas contemplados.

Sobre o conteúdo teórico-musical em geral, precisamos ainda fazer uma consideração. Ao longo deste material, apresentamos diversos elementos musicais de forma isolada. A musicista Yara Caznok é adepta de uma visão mais holística da música:

> Nas aulas de percepção, por exemplo, prepara-se o aluno para reconhecer qualquer intervalo, célula rítmica, acorde, escala, timbre, forma, tonalidade e todos os demais constituintes da linguagem musical. Via de regra, isolam-se os mesmos conteúdos para que eles apareçam de maneira mais clara e apreensível,

sem, no entanto, devolvê-los ao seu habitat, ou seja, às obras das quais eles foram retirados. Em prol de uma estabilidade e de uma visibilidade, condições propícias ao aprendizado, conforme a epistemologia positiva, sacrifica-se todo o contexto e a trama das relações na qual estes elementos têm o seu sentido engendrado. Treina-se o aluno para ouvir objetos, elementos e não, música. (Caznok, 1999, p. 82-83)

Assim como nas aulas de percepção, citadas por Caznok, em leitura e escrita musical também se isolam os mesmos elementos musicais. Muitas vezes os relacionamos a músicas, mas é preciso que você incremente esse processo em seu dia a dia, procurando identificar tais elementos nas músicas que ouve, toca, canta, escreve ou lê.

Chegamos ao final desta obra, mas este é só o início de suas práticas de leitura e escrita musical.

Mostramos um caminho para você praticar. Agora, incorpore o estudo de leitura à sua rotina. Lembre-se sempre de aspectos importantes sobre o fazer musical. A partitura é apenas uma representação da música. Faça mais do que ler música – seja um intérprete que dá vida a ela usando as nuances de dinâmica e articulações, mesmo que a partitura não contenha essas informações. Vá sempre além daquilo que está no papel e faça a sua música.

REPERTÓRIO

ALMADA, C. **Harmonia funcional**. 2. ed. Campinas: Ed. da Unicamp, 2012.

BLACKING, J. **How Musical Is Man?** 5. ed. Seattle: University of Washingon Press, 1973.

CAZNOK, Y. B. Ouvir, escutar. In: FÓRUM PAULISTA DE MUSICOTERAPIA, 1., 1999.

CASPURRO, H. Audição e audiação: o contributo epistemológico de Edwin Gordon para a história da pedagogia da escuta. **Revista da APEM: Associação Portuguesa de Educação Musical**, n. 127, 2007.

FIREMAN, M. C. **Leitura musical à primeira vista no violão**: a influência da organização material de estudo. Tese (Doutorado em Música) – Universidade Federal da Bahia, Salvador, 2010.

GOLDEMBERG, R. Métodos de leitura cantada: Dó fixo versus Dó móvel. **Revista da Abem**, Porto Alegre, v. 8, n. 5, p. 7-12, 2000.

MARTINS, T. Dos primórdios da notação musical à modernidade. **Medium**, 5 out. 2017. Disponível em: <https://medium.com/@tommartins/dos-prim%C3%B3rdios-da-nota%C3%A7%C3%A3o-musical-%C3%A0-modernidade-33c4b63882c5>. Acesso em: 28 abr. 2020.

MED, B. **Teoria da música**. 4. ed. rev. e ampl. Brasília: Musimed, 1996.

MOURA, D. **Estudos e transcrições**. Disponível em: <https://mouradanilo.wixsite.com/meusite/estudos-e-transcricoes>. Acesso em: 28 abr. 2020.

PAVAN, T. Z. **Propagação de onda sonora**. Disponível em: <https://edisciplinas.usp.br/pluginfile.php/2853421/mod_resource/content/0/Aula6%20-%20Propraga%C3%A7%C3%A3o%20da%20onda%20sonora.pdf>. Acesso em: 28 abr. 2020.

RIBEIRO, R. Ondas sonoras e o sentido da audição. **Estado de Minas**, 11 nov. 2015. Disponível em: <https://www.em.com.br/app/noticia/especiais/educacao/enem/2015/11/11/noticia-especial-enem,706844/ondas-sonoras-e-a-capacidade-do-homem-em-emitir-sons.shtml>. Acesso em: 28 abr. 2020.

RIBEIRO, V. S. **O modalismo na música popular urbana do Brasil**. 336 f. Dissertação (Mestrado em Música) – Universidade Federal do Paraná, Curitiba, 2014.

RISARTO, M. E.; LIMA, S. R. A. de. Capacidades cognitivas e habilidades envolvidas no processo de leitura à primeira vista ao piano. **Música em Perspectiva**: revista do Programa de Pós-Graduação em Música da UFPR, Curitiba, v. 3, n. 2, p. 87-110, 2010.

SADIE, S. (Ed.). **Dicionário Grove de música**: edição concisa. Tradução de Eduardo Francisco Alves. Rio de Janeiro: J. Zahar, 1994.

SCHAFER, M. **O ouvido pensante**. Tradução de Marisa Trench de O. Fonterrada et al. São Paulo: Ed. da Unesp, 1990.

SCHOENBERG, A. **Fundamentos da composição musical**. Tradução de Eduardo Seineman. São Paulo: Edusp, 1996.

SOM. In: **Michaelis On-Line**. Disponível em: <http://michaelis.uol.com.br/moderno-portugues/busca/portugues-brasileiro/som/>. Acesso em: 28 abr. 2020.

ÁLBUNS COMENTADOS

Leitura melódica

MED, B. **Solfejo**. 3. ed. Brasília: Musimed, 1986.

Trata-se de um método de solfejo que utiliza o número dos graus da escala em vez do nome das notas. Em tese, o solfejo numérico permite que se memorize a relação entre os graus e pode ser transposto com facilidade para qualquer escala. Ele é dividido em aulas que são todas manuscritas na pauta.

POZZOLI, E. **Guia teórico-prático para ditado musical**: partes III e IV. São Paulo: Ricordi Brasileira, 1983.

O autor apresenta seu método para leitura melódica. O sistema essencialmente é tradicional, mas sua abrangência relacionada a diversas situações musicais o torna um dos mais utilizados até os dias atuais.

Leitura rítmica

GRAMANI, J. E. **Rítmica viva**: consciência musical do ritmo. Campinas: Ed. da Unicamp, 1996.

Não se pode afirmar que é um método para leitura rítmica, mas para treinamento rítmico. José Eduardo Gramani busca transcender a percepção rítmica para além de seus aspectos matemáticos. Mais uma ótima opção de estudo rítmico não convencional.

GRAMANI, J. E. **Rítmica**. São Paulo: Perspectiva, 2004.

É um livro essencialmente para treinamento rítmico, indicado para quem já tem alguma noção de teoria musical e deseja algo além dos métodos convencionais. Gramani foca a musicalidade e a diversidade rítmica brasileira em séries de diferentes níveis de dificuldade, com diversas sugestões de execução.

HINDEMITH, P. **Treinamento elementar para músicos**. São Paulo: Ricordi, 1988.

Esse é um livro para treinamento rítmico convencional. Conta com um amplo material teórico e exercícios bastante abrangentes. É uma excelente literatura para se aprofundar na leitura rítmica.

POZZOLI, E. **Guia teórico-prático para ditado musical**: partes I e II. São Paulo: Ricordi Brasileira, 1983.

Trata-se de um método para treinamento de leitura rítmica convencional. A obra apresenta ricas instruções no início que podem enriquecer seus conhecimentos téorico-musicais e dispõe de uma grande quantidade de exercícios de leitura rítmica, cobrindo assim uma vasta gama de possibilidades.

Reflexões sobre o assunto

SCHAFER, M. **O ouvido pensante**. Tradução de Marisa Trench de O. Fonterrada et al. São Paulo: Ed. da Unesp, 1990.

O canadense Murray Schafer é uma referência bastante utilizada na reflexão sobre as atividades musicais contemporâneas. Esse livro tem o poder de abrir a mente do estudante para novas perspectivas musicais.

Teoria

LACERDA, O. **Compêndio de teoria elementar da música**. 6. ed. São Paulo: Ricordi Brasileira, 1967.

> É um livro de teoria musical bastante completo. Muitos conteúdos dele são similares aos do livro do Bohumil Med; porém, em certos casos, eles se complementam. Por essa razão, é importante conhecer os dois.

MED, B. **Teoria da música**. 4. ed. rev. e ampl. Brasília: Musimed, 1996.

> Esse é um dos livros mais usados para consultas relacionadas à teoria musical. Muitas dúvidas podem ser sanadas de forma simples, objetiva e completa. É o chamado "livro de cabeceira" do estudante de música.

RESPOSTAS

Capítulo 1

1. c
2. e
3. b
4. d
5. a

Capítulo 2

1. b
2. c
3. c
4. e
5. b

Capítulo 3

1. d
2. e
3. c
4. b
5. b

Capítulo 4

1. e
2. c
3. b
4. c
5. d
6. a

Capítulo 5

1. c
2. b
3. e
4. e
5. b

Capítulo 6

1. c
2. c
3. e
4. a
5. e

SOBRE O AUTOR

Alysson Siqueira é bacharel em Música pela Faculdade de Artes do Paraná (FAP), atualmente parte da Universidade Estadual do Paraná (Unespar). Também tem as titulações de especialista em Música Popular Brasileira e mestre em Música, linha de pesquisa Etnomusicologia, obtidas pela Unespar e pela Universidade Federal do Paraná (UFPR), respectivamente. Foi professor colaborador do curso de Licenciatura em Música da Universidade Estadual de Ponta Grossa (UEPG) e ministrou aulas nos módulos de Canto Coral e Etnomusicologia no programa Parfor – Música da UFPR. Em julho de 2019 passou a atuar como professor do Centro Universitário Internacional Uninter. Além de seu trabalho na esfera acadêmica, atua como cantor, violonista, compositor, produtor musical e professor de canto e violão. Foi integrante de diversos grupos musicais de variados estilos. Desenvolve atividades musicais relacionadas ao teatro e também a projetos sociais.

Os papéis utilizados neste livro, certificados por instituições ambientais competentes, são recicláveis, provenientes de fontes renováveis e, portanto, um meio responsável e natural de informação e conhecimento.

Impressão: Reproset